·名家·
文化讲堂
MINGJIAWENHUA
JIANGTANG

砥节砺行

寻找品格的磨刀石

冯尔康／著

锲而不舍，金石可镂。

——荀子《劝学》

天津出版传媒集团
天津教育出版社
TIANJIN EDUCATION PRESS

图书在版编目(CIP)数据

砥节砺行／冯尔康著．—天津：天津教育出版社，2013.4
(名家文化讲堂)
ISBN 978-7-5309-7352-3

Ⅰ.①砥… Ⅱ.①冯… Ⅲ.①人物—生平事迹—中国—古代—通俗读物 Ⅳ.①K820.2-49

中国版本图书馆CIP数据核字(2013)第070049号

砥节砺行 寻找品格的磨刀石

出 版 人	胡振泰
作　　者	冯尔康
选题策划	田 昕
责任编辑	王艳超
装帧设计	郭亚非
出版发行	天津出版传媒集团 天津教育出版社 天津市和平区西康路35号 邮政编码300051 http://www.tjeph.com.cn
印　　刷	唐山天意印刷有限责任公司
版　　次	2013年5月第1版
印　　次	2013年5月第1次印刷
规　　格	32开(880×1230)
字　　数	120千字
插　　页	2
印　　张	7.25
定　　价	19.00元

古代做人伦理的现代价值

——《砥节砺行》序

笔者在书中讲了几十位古代人物故事，主要是反映他们为自身确定的做什么样的人，如何做人，终于成功的事迹。因叙述古人做人的伦理道德自必论及传统文化传承问题，在20世纪90年代初写作时，笔者多少有点不安——书中是否宣扬了传统伦理道德的糟粕，所以《后记》自我提出问题：是否“把封建伦理三纲五常中的一些东西，误以为是优秀传统文化加以介绍了？”这种担心源于对传统文化的研究和认识极其不足，因而又说：“大力开展对传统文化的科学的研究，是至关重要的事情，让我们就此多作努力！”二十年过后，学术界对传统文化的认知是大为提高了，笔者在这里将把学习的心得稍事整理，从伦理道德的层面略做剖析。当然，不能离开书中的那些人物故事。目的在于传统伦理道德对于现代人的做什么样人，如何做人，有没有借鉴因素，如果有的话，又在哪里呢？笔者以为有值得传承的精神财富，需要继承，既有益于个人，也有益于建立优良的社会道德。下面先交代古代做人伦理，接下来说明其有益于当今伦理道德建设的精华内涵以及今日建设社会伦理的迫切性。

一、古人的做人行事与道德准则

各种古人故事，令我们得知，古人做人的方方面面，就其观念层面讲，主要有下述五个方面，即立志与理想，道德良知，勤奋刻苦与坚毅不拔精神，闻过知耻折节改行，为官做官廉洁奉公。具体地讲：

(一)立志与理想

人需要有做人的志气，即有理想和努力的目标。志有所谓大志和一般志向的区分，项羽、刘邦分别见到秦始皇的出行盛况，项羽说“可取而代也”，刘邦表示“大丈夫当如此也”，他们想做霸主，当统一六合的皇帝，是为大志，非一般人所敢想象。大多数人是在一定的现实条件下确立人生目标，有的人要做社稷之臣，安邦定国，辅佐君王安定天下，敢于向君主谏诤，同时讲求技巧，使唯我独尊的帝王能够接受，像汲黯、魏征、陆贽、王恕那样争取做良臣，而避免做愚忠的忠臣；有的人为苍生谋求利益，如范仲淹的“先天下之忧而忧，后天下之乐而乐”，明人蒋瑶、清人于成龙(北溟)之为民减轻负担;有的人立志兴家立业,发达家庭、家族,像傅毅要继承老祖宗、殷代傅说和汉代的傅介子事业,做出贡献;有的人出身卑下,但不甘心处于下僚、贱吏的卑微地位,寄人篱下、受人鄙视的处境,立志上进,像吕蒙之成为国士;有的人讲求生存之道,固守本分,不张扬,不妄动,像晋代著作《博物志》的张华,但是恶劣的政治环境,在皇家的血腥屠杀中丧失性命,未能如愿。立志有大小,在于个人所处环境和人生志向,但是无论如何,立志对于个人是绝对必要的,没有志向必是碌碌无为了此一生;有了志向,努力有目标,会产生动力,奋斗进取,会成为有益于社会、家庭的人。

(二)道德良知

人生的基本道德,即处世之道,有这么几个方面。

一是正直诚信。古人评论人常常使用的词汇是"君子""小人",君子大多偏用在评价士人以上人物方面,小人则侧重在大众方面,时至今日,人们还会说不讲信誉的人为"小人"。君子、小人之别,集中在为人是否正直,人若能处事公正,主持公道,讲求真理、正义,为此无私无畏,不趋炎附势,不做亏心事。还集中在是否诚信上,能否言行一致,诚恳待人,言必信,行必果。正直诚信,实质上是遵循实事求是原则处世,这也是君子、正人与小人、佞人的区别所在。王安石变法中的吕惠卿那一伙人,在传统史书上就被视作小人。(当然,对变法的看法不一,评价不同,此非本文主旨，这里不谈。）

二是善良。待人友善，富有同情心，乐善好施，民间门联常有“忠厚传家久”、“积善之家庆有余”句，自勉自励，以善良善行博取家世兴旺，绵延发达。“二十四史”义行传、孝义传记载了许多仗义疏财的人物，乐于助人的典型。南朝会稽人严世期，得知有三户人家生子，因贫穷将要溺毙，赶快送去衣服食粮，又为老年母女孀妇养老送终，被表彰为“义行严氏之闾”。现存山西运城清代晚期“李家大院”，门楼院落的匾联突出地表现主家讲求行善的特点，北门楼悬挂“修德为善”匾，另一个门楼题名“广善门”，一个厅堂的门联曰“孝行家规善行世道”“仁和众志德留人心”。

三是担当。富有责任心，无论是对自己、家庭、社会，承担自身的责任，不依赖，不推诿，出事敢于担当责任，富有进取心。欧阳修晚年写作，更其认真，不是像青少年时代怕前辈老师批评，而是怕后生讥议，文章千古事，不可有一丝一毫的苟且。

四是谦逊。为人谦虚谨慎，不骄不躁，继续努力，不沾沾自喜。要能够严于责己，真是“每日三省吾身”；宽于待人，所谓“克己待人”，要有度量，原谅他人对自己的冒犯，不记仇，不报复。谦谦君子，是好品德。

五是荣辱感。为人处世应有荣辱感，获取社会舆论（古人的“月旦评”）的好评，避免恶评，就要立身行事完全符合社会道德规范。

六是重大节。讲求气节的完善，忠于国家，忠于所事的主人，以至于牺牲性命——“杀身成仁”，如同苏武、文天祥之行事；不变节，不做民族国家的罪人，不做小人。

(三)勤奋刻苦

立志做正人君子，必须实践，为此要有办事的本领，要有恒心，要能忍辱负重，以艰苦奋斗、吃苦耐劳、坚毅不拔的精神去克服种种困难，践履自身的志向。

苦学本领。苏秦经历锥刺股的苦读，从而对东方六国的政治形势了如指掌，提出合纵之策，说动东方诸侯，配六国相印，实现东方诸国的联合抗秦。在极贫状态下，朱买臣的樵采、王欢的乞讨吟诵，刘孝标的“书淫”，匡衡的凿壁偷光、车胤的囊萤、孙康的映雪苦读，王冕的放牛作画，终于在各自的领域获得成功。

坚持不懈。勾践卧薪尝胆的复仇，班超的通西域，玄奘的西天取经，鉴真的东传佛学和中华文化，是典型的持之以恒、百折不回、坚毅不拔精神的体现。吴王夫差继位之初，立志为父王报仇，俘虏了越王勾践，志骄意满，放回勾践，勾践以卧薪尝胆精神，十年生聚，成为最终胜利者。这个故事中，一个有恒心者笑在最后，一个胜利后丧失斗志的人亡国辱身。玄奘取经，真是九死一生，过沙漠，孤身一人，上无飞鸟，下无走兽，连水都没得喝；在西域，高昌国王出于好意，强行扣留他，他用绝食的方式抗争，才能继续西行；过帕米尔高原，冰天雪地，同伴马匹大量冻死，就不在话下了；在印度，几乎被强盗杀害。经历十七年的磨难，取经回到长安。

忍辱负重。勾践在吴王宫中，为生病的夫差用药而尝试粪便，屈辱到极点。苏秦东游失败回家，没有人理睬他，嫂子不给做饭，备受歧视，刺激他锥刺股般地读书求学。朱买臣遭受被妻子休弃而成为鳏夫的羞辱。他们困乏、卑贱到极点，却向着志气方向努力，被世人讥笑，甚至不被家人理解，心理的刺痛比饥饿还要难受，在身心俱疲的情况下，他们如饥如渴的求知精神、完成事业的使命感，激励着他们继续朝着目标方向努力，终归闯出来，成为成功人士。

艰苦奋斗，实现人生目标，重要的是应有办事的本领，还要有坚毅不拔、百折不回、忍辱负重的精神，引导人们走向成功之途。

（四）闻过知耻、折节改行

“人非圣贤，孰能无过”。人人都会有大大小小的过失，这不可怕，重要的抱着什么样的态度，是闻过知耻加以改正，抑或是文过饰非，甚至忌恨揭短的人，这就要看能否自律了。前述道德内涵中有荣辱感，知耻辱，是人应有的修养。顾炎武“以不知为耻”，在学问上极其严格要求自己，把不懂的事情认为是耻辱，非要探究明白不可。其实人非万能，一个人不可能将所有的学问都掌握了。至于人生中出现的错误，更是羞耻之事了。有的人知耻改正，最动人的例子的是“除三害”的周处。他的家乡居民为三害而苦恼，因为老虎、蛟（鳄鱼之类）和西郭周肆虐，伤害人，祸害人，人们唉声叹气，不知如何是好，西郭周就是周处，他见人们忧愁，不知就里，询问邻人，人家如实相告，周处这才知道自己是三害之一，与禽兽同类，让人痛恨，不改过怎么得了，于是上山打死老虎，到河中与蛟搏斗，随着水流远离家乡，人们以为他也死了，高兴得三害皆去，可以过安生日子了，纷纷庆贺。其实，乡人如此做法是不合适的，除虎、蛟二害是好事，但除害的是周处啊，怎么能置他的生死于不顾，反而庆幸哩！几天后周处杀了蛟返回，见此情状，心情非常沉重，没有怨恨乡人的不近情理，也不是自暴自弃，而是想到自家罪孽深重，才使人如此痛恨，于是痛下决心，彻底改正，成为《世说新语》赞扬的“忠臣孝子”。他能严于责己，不计较他人的不义，迈出重新做人的关键性步法，实现折节改行，成为新人。寇准原是顽劣少年，为害邻里，受母亲痛责，而后悟出母之大爱——望子成龙，乃痛改前非，成为宋代名相。比他稍晚一点的司马光在《涑水记闻》中讲到他的接收母训，“折节从学”。折节，是改变节操，是人生观的变化，是从邪行改入正道。所以人要能改正错误，是思想上起变化，是在做什么样的人的方向上做出了正确的决定。闻过知耻、勇于改正，不仅令人谅解他，更令人尊敬他。与此相反的态度是非文过饰非，此人就无希望了。隋炀帝就是文过饰非的人，最终惨死亡国，令后人深以为戒。

(五)为官作官廉洁奉公

传统社会，有志向的人，多半要做“人上人”，要做官，改变门风，提高社会地位。但是做官应有为官之道。“为君难，为臣不易”，君臣是一个社会范畴，官民是另一个社会范畴。官既要忠君，又要爱民，是做清官、廉吏，还是做贪官、酷吏，在于做官人的选择。廉洁奉公，是爱惜百姓而公事不废，对上对下都有利，这是社会对官员的基本要求，有的人朝着这个方向努力，表现在四个方面。其一，避免额外征敛，为民请命。赋役是必须的，税外加税，差役无度，就民不堪命了。清官就是坚守正常赋役原则。明代扬州知府蒋瑶，在明武宗和一群宦官像蝗虫一样，到扬州祸害，蒋瑶拒绝贡献奇珍异宝和特产的勒索，只供应日常的饮食，气得太监在北返时，用铁链锁拿他同行，后来把他放回任所，百姓痛哭欢迎，因为他的拒绝皇帝宦官搜刮，少被扒一层皮。其二，拒绝贿赂和“友情”回报。杨震拒收王密在夜间怀揣的十斤金子，王密说没有人能够知道你收礼，杨震说怎么不知，天知、地知、你知、我知。他是凭天理良心办事，不收礼，更不会聚敛。其三，自身清苦在所不计。明清两朝实行低俸禄制，官员难于养家糊口，必然税外加征耗羡，清官自律，甘于过苦日子。于成龙任湖北罗城县令，用土垒砌的台子当办公桌，只有一口锅做饭，穷得仆人跑光了，就是不多征钱粮，百姓可怜他，送去钱物，一样不收，后来赴任四川合州知州，路途遥远，百姓送他上路，他一一辞谢，只有一位盲人坚持同行，说你路费肯定不够，我会算命赚钱帮助你，果然是在他资助下才能到达新任所。四是廉洁奉公的道德遗产。不贪赃的官员，需要顶住两种压力，一是在恶劣官风环境中，清官被贪官包围，不同流合污，难于继续做官，顶得住的才真正成为廉吏；二是家中贫乏，妻室子女跟着受罪，或有怨言，清官要的是名声，廉洁家风，传给后人。他们缺乏物质财富，但拥有精神财富。

二、传统伦理道德有着可以继承的因素

絮说了古人理想的、实践的伦理道德，有什么成分在今天仍有积极的价值呢？哪怕是稍微成功的分析，笔者以为要有两道功力，一是整理近代以来人们对传统道德的态度，也即批判所谓旧道德的得失，然后才能较好地、较顺利地重新认识。二是从历史长河观察人类道德的继承性。可是伦理道德命题，是哲学研究范畴，笔者知识贫乏，愕然不知所措，哪里能够进入这个领域！不过既然写了那些古人做人的故事，就该了解哲学界相关研究成果，结合个人的认识和对世情的感受，也许会产生一点感想。因而试着努力了。

试想20世纪批判传统文化，摒弃“旧道德”，成为主流文化，在20世纪上半叶笔者处于少不更事人生阶段，没有那种批判的亲身感受，后来从学理上知道一点点，就是将传统文化、传统道德批判到极点，是谓之为吃人的道德，是够吓人的。下半叶，生活在其中，有些许直觉的感受。下半叶的前三十年，阶级论主导政治、社会生活和学术研究的一切领域，所谓“破除几千年来一切剥削阶级所造成毒害人民的旧思想、旧文化、旧风俗、旧习惯”，革命就是暴烈行动，不能温良恭俭让，要与旧传统彻底决裂。把仁义道德、人性论、人道主义、博爱贴上封建主义、地主阶级、资产阶级的标签，成为反动的道德文化，应予彻底否定。在这种情形下，有学者提出而被别人提炼为“抽象继承法”，曲折地表达文化、道德继承的愿望和意见，理所当然处于被批判的地位。这是在当时读报中得知的信息。20世纪90年代以来弘扬中华传统文化的提倡，人们从而稍微认真地思考传统文化、伦理道德的积极因素，当代的社会价值，笔者于是从学术信息中得到一点知识。今天综合起来，感到研讨中华传统文化价值，尤其是传统伦理道德的意义，需要在方法论上有所思考，或可使思绪清晰一点，有益于认知传统伦理道德中的精华和有价值的因素，令今人的继承更自觉一些。既然说到方法论，笔者体会到三个方面，即“抽象继承法”是在“精神”上和某些“具体”方面的继承；现代化与传统既是“对立”的又是“互补”的；传统文化中某些成分具有适应时代变化的性能而成为新时代的事物。

(一)“抽象继承法”的方法论价值

就继承问题，抽象继承法将传统文化区分为精神和具体两方面，认为精神上可以继承，具体内容上不可以。如“己所不欲勿施于人”，不能强迫他人接受自己所不能接受的东西，这种精神是可以传承的，但这是儒家站在统治阶级立场上讲的伦理，这种阶级内容，不能继承。有研究者指出精神与具体是不能截然分开的，既然精神上可以继承，内容上难道绝对没有可以继承的成分？笔者想到人类社会中的许多事物，不只是有阶级性的，还有共性、中性，比如一个时期内“宗教是麻醉人民的鸦片”的主流意识，将宗教视为统治阶级愚弄人民的罪恶工具，似乎只有人民迷信宗教来麻醉自己，甘当顺民，然而众所周知，梁武帝三次舍身同泰寺，清高宗尸身覆盖陀罗尼经被，无不表明他们信仰佛教，他们是统治阶级的头目啊，阶级分析在这里显然失灵了，宗教是什么阶级、阶层、身份的人都会信仰的。佛教倡扬大慈大悲，充满对人的关怀的仁爱精神，无疑这是可以传承的，它提倡的舍施济贫的具体内容亦有可取之处。宗教倡导的爱，是人类共性，是中性的东西，用阶级性来认识，就抹杀人类共性了。前面说过一些人的义行，其实在“乐善好施”“仗义疏财”的个人义行之外，还有群体的施善机构，如宗族的义庄、族学，行会、同乡会的义地（义冢），社区的社学，这些义行机构虽不发达，总是实行救济贫乏的事情，这类组织，乃现代社会社会保障事业的先河。再说“诚信”道德，是任何社会、任何人都必须遵行的人际交往原则，传统社会商业上讲信誉，标榜“公平交易”“童叟无欺”，现代社会讲求“契约”，更要守信誉。至于为官之道的廉洁奉公，各个时代的具体内容不完全一致，但为官清廉公正无私，不贪赃，不枉法是一致的。所谓“君君臣臣”，是君臣各守自己的本分，君应尊重臣下，“士君子”的臣子的“从道不从君”，也会择君，“合则留不合则去”，士君子文化的发展，不就是公共知识分子文化吗？当然对百姓而言，古今“官”的最根本区别是观念上的差异，传统社会做官是人上人，是“父母官”，是在上者的“牧民”，现代社会则是“公仆”，是纳税人的公民养活官员。在上述这些领域中都存在着人类社会的共性内容，精神、内容都有可继承之处。

（二）现代化与传统的互补

所谓互补，就其内容讲，笔者以为如何处理人际关系、义理与功利的辩证关系是重要方面。正如有的学者所说，新、旧道德各有正负两方面，当代社会出现的问题，像高犯罪率，高患抑郁症率，人成为“经济动物”，唯我的个人主义，都与道德的偏差不无关系。传统社会重视私德，即个人道德的培养与实践，同时将私德的个人修养同家庭、社会、国家的关系紧密联系起来（即

“修身、齐家、治国、平天下”)。传统的教育重在德育,重在道德培养,家长、老师要以身作则,而现代教育重在专业人才的培养,家庭、学校也有做人教导,但社会的影响力更大,于是更多地关心谋求经济效益,谋取金钱。为了改变这种现实,有学者提出道德规范的必要与作用。古人讲做人“三不朽”,“立德”“立功”,哪一个更重要,传统社会倡导的“立德”与现代社会的“立功”各有价值,但是说到底做人更重要,今人羡慕比尔·盖茨的财富,对他的义行更加仰视,立德尤其令人敬重,此应为古今道德观念的共识。那么道德标准是什么,有学者认为就是“仁义”,更有学者提出“新纲常”的设想,即构建一种从制度正义到个人义务的全面的“共和之德”,与之相应的是新的三纲五常,即民为政纲,以为人纲,生为物纲,天人、族群、(狭义)社会、人人、亲友五种关系。是在当代讲论新仁义,现代的仁义,充分说明现代化与传统的互补,传统伦理的积极因素及其生命力。传统社会有反对为富不仁的意识,甚至杀富济贫暴动,就是富贵者不仁不义所致。当今时或在传媒中出现的仇富观念的议论。古也好,今也好,还是仁义的行否问题,不行仁义,社会怎能稳定,甚至付出“自毙”的代价。

(三)传统文化中某些成分因应时变成为现代文化组成成分

传统文化的某些成分能够适应时代发生积极的变化,家族文化的更新最为明显地表现出来,同时最能反映传统文化与时代发展相合拍。

近代以来被人们口诛笔伐的宗族(家族)文化,成了封建主义、封建文化的代名词。然而事实是,随着社会的变化,宗族的更新在宗法性与民主性、家族本位主义与个人本位主义之间展开。在传统社会,宗族是带有宗法性的自治团体,具有互助功能,近代以来,它应变、自变,逐步用民主思想克服宗法观念,尊重族人的独立人格,向着、乃至完成近代社团方向的转变,建设成现代民主团体(主要是在台湾、香港和海外华人社会)。所谓剔除其宗法性,是对传统宗族在管理体制与观念方面,对族人的行为、职业、信仰、女性上谱等方面的有所控制作出根本性改变,并为族人创造社交、娱乐、福利条件,体现出对族人自由意志、人格的尊重,这就完全克服了宗法性质,令其本身具有现代民主意识,进入现代社团行列。与此同时,族人是在具有独立人格前提下,自觉自愿地投入团体的活动。家族与国家政权的关系,从传统的依附关系转变为守法关系,这虽然也是一种政治态度,却不是传统社会的宗族政治功能——维护政权和社会稳定。

家族的变化与社会的演变是同步进行的。两者间的关系似可形成下列公式:

古代社会 ———————— 现代化转型期社会

祠堂族长制宗族——— 族会议长制——宗亲会会员大会暨理监事会制

不是任何旧事物都能适应社会的巨大变化，事物被淘汰是正常现象，而家族能够应变、自变发展出新的家族文化，有其内在的因素，笔者以为有三个方面：一是家族有着悠久的历史和文化传统，已为人们所习惯，形成感情纽结——一种需要，不可缺少，特别是遭到人为因素破坏之后，只要有可能，人们就会立即恢复她的活动。二是有变革的内在力量，即商人。商人是社会的活泼因素，在家族内部也是如此，她破坏传统家族的宗法性，而为新式家族提供建设经费。三是血缘凝聚力的牢不可破。古人深深懂得，民众与皇朝政权的关系是“人合”的，而族人之间是“天合”的，天合的关系自然紧密，人合的关系得到天合的家族的支持才能更加巩固。所谓族人之间的天合关系，是血缘因素形成的，是人所不能选择和改变的。自然形成的稳定性力量的血缘关系与社会性的家庭家族情节结合在一起，越发具有稳定性，在这里“血缘”成为集结团体的基础性的因素，基本的因素，只要稍微具有相应的社会条件，族人就会因为亲情的需要，社交的需要，谋事及其他福利的需要而组织起来，结成同宗的社团和同姓的俱乐部式的宗亲会。

适应时代发展的需要，家族文化的清除宗法性，在人格独立前提下，强化血缘亲人亲情功能。在现代社会物质文明高度发展，精神文明发展滞后，乃至衰退的情况下，现代家族文化就做出伦理建设的贡献。

诚如有的学者所说，传统社会讲求仁义礼智信，现代社会讲自由平等博爱，两者是相通的，是可以对接的，现代社会需要继承传统社会文化的有益因素。传统社会处理人际关系所倡导的原则——诚信、关爱、义行、公正、己所不欲勿施于人、从道不从君，是现代社会所应当发扬的，将传统社会讲究的义理与现代社会追逐的功利两者视为辩证关系，在追求功利中不忘做讲究义理的人。要而言之，没有传统，现代化是不可能的。现代社会在继承基础上，发展、丰富新文化、新伦理道德，才能稳步、有序地持续发展，而少走弯路，避免付出不必要的代价。

现代伦理道德与传统伦理道德的辩证关系，或者说承接关系，无疑需要继续加强探究，友人通信说，需要重新“发明”传统伦理道德的价值和空间，值得去“发明”，可以去“发明”。然而谁去发明，怎样发明？是全社会的人及其社会实践，而不仅仅是学人的学理研讨。

三、做有社会公德的人和合格公民

人，不论什么样的人，都具有社会性，是社会中的人，古今中外概莫能外。社会中人的做人准则,从历史长河看人类社会伦理道德有传承的必要,有值得继承的合理成分,做人,今人需要传承先人的美德,更应当高于古人做人的要求;要求的内容有方方面面,关键是处理好人际关系,处理好社会关系,最起码的是做有社会公德的人,是做现代的合格公民。具体地考虑,可能是下述几点:

做对己对人对社会有责任、有义务的人。做人首先要对自己负责。人要生存,还想过得好一些,必然要为己着想,为自己担起责任,如若有条件(如健康身体)、有能力(非痴呆残障)不去劳作,依靠父母、子女、他人、社会维生,很难是健全的人。做人要顾及他人,尊重他人,不能漠视他人,富有同情心,以助人为乐的精神,力所能及地帮助他人,视行仁义为己任,是对他人、社会的责任,而绝对不能危害他人,盘算他人,藐视他人,干损人利己、损人不利己的事情。于此同时,做对社会负责的人,做社会优秀分子,是促进社会发展的人,而不是社会蠹虫。做人,需要有公而忘私、舍己为人的精神,然而"我为人人,人人为我",是人类社会最重要的原则,最值得提倡,做人就做遵守这样的社会道德准则的人。

做有良心讲诚信有尊严讲体面的人。古人有"家丑不可外扬"之说,隐恶扬善,不尊重事实,自然是不对的,但却反映出古人极其看重荣誉,富有羞耻心。做人应有公德,自尊、自爱、自律、诚信、守法，有荣誉感、羞耻心。做人守信誉，令人尊重，继续相处、合作，否则难以为继。只有讲信誉，才能让人尊敬，才能有体面，这是真正维护自己的尊严。为了守信誉，古人常常指天为誓，天打五雷轰，违约是多么大的罪过！今人，时或表示自己说的是真话，曰“我是负责任的”，请相信。如果是说了谎话，不负责任，那是说亏心话，做亏心事，是不负责任，是道德有亏，良心有愧的。当下社会，诚信缺失，信任危机在各个领域都充分表现出来，甚至被人说成是“缺德社会”“道德沦丧的盛世”，哀哉！痛哉！面对讥讽，应有正确态度，需要从善如流，相信自己，改过自新。做人需要自律，知羞耻，自尊自爱，处事、办事讲良心，讲诚信，获取真正的荣誉，摒弃虚誉，总之做有良心讲公德的人。这才是素质高，为人尊重，与有尊严的国家形象配合，才能在世界通行无阻。

做富有智慧高雅情趣的人。现代文明社会，今人的聪明比前人不知高过多少倍；今人的物质享受是前人无法比拟的，也是无法想象的；前人讲求艰苦奋斗，今人往往追求吃喝玩乐的生活享受；今人多“富贵病”，心理疾病；这一切，表现在艺术文化方面，是高雅文化隐退，有低俗文化泛滥之忧。迈向太空的人类，进入信息化、数字化时代，与丰富的物质享受同时，更需要做富有智慧、技能的人，具有高雅生活态度的人。要着装得体，修饰仪表，举止文明，讲究礼貌，遵守社会文明规范。暴发户行为，在古代为人贱视，现代社会依然如此，胡乱花钱购物，显示阔气，见钱眼开的商家一边赚你的钱，一边还鄙视你，因为你不够文明。甚而至于，你有钱，我的商店也不欢迎你，也不对你开放，因为我的客人是要讲文明的。这时候你就不能说是种族歧视了，谁让你表现出的是不文明的作风哩！努力做有高雅情趣的人，生活才会富有意义。

做独立人格的人。这是做现代人的根本之点，也涵盖了前面三点的一些内容。作为现代人，必须真正懂得自由、平等、博爱、民主、人权的道理，坚持真理，懂得并维护自身的公民权利，努力承担应尽的义务。处事独立思考，独立担当事务，承担责任。因为独立思考，就不会人云亦云，随大流。主人翁意识强烈，不做附从，不论从事什么职业，不论处于政治、经济、社会中什么地位，应有独立人格，有主见，不依附上司、老板、"家长"，不是他的"人"，他的附庸，不需要看上面脸色行事，不盲从、屈从，不说违心话，做违心事。

做地球之友——致力于处理好天人关系的人。人类认识自然，认识地球，认识"天"，有一个很长过程，至今远未完结，大约也不可能完结。古人敬畏大自然，创造那么多自然神和动物神，乃至植物神信仰，同时不敢浪费自然资源和生活资源，否则，暴殄天物，有天诛之灾。从而探求天人之际，渴望天人和谐。随着科学的发展，人在自然面前主动性增强了，也在破坏生态环境中吃到苦头，意识到自然力的无比威力，生态环境污染给人类自身造成的严重危害，得到“人定胜天”的幼稚病教训。敏感的人们关爱地球，做地球之友，致力于“绿色革命”，保护生态环境，懂得人为改变生态环境，滥肆采伐，滥造水库，滥施农药，破坏生态环境，贻害无穷；地球资源有限，岂可无节制地滥用。最根本的是否定人类中心主义，天人和谐，人类与动物、植物和谐共存，给动植物生存环境和资源，不能人都抢光。公民对自身的要求随时代在丰富，在提高，要做生态环境保护者，造福子孙后代。

做什么样的现代人？做对己对人对社会有责任、有义务的人，有良心讲诚信、谦虚谨慎的人，智慧而又有高雅气质的人，与地球、动植物交友的人，具有独立人格的人。总之，是有公德，真正懂得自由、平等、博爱、民主、人权的道理，善于理性思维，坚持真理，懂得并维护自身公民的权利，努力承担应尽的义务，是讲公德的合格人。

序言是就传统文化和伦理道德与建设当代做人伦理的问题，将学习时彦论述的收获做一番整理，写出来向读者和方家请教，以弥补二十年前写作时的某种困惑而出现的缺憾。

2013 年 1 月 29 日初稿，3 月 12 日修订

目

CONTENTS

录

古代做人伦理的现代价值

——《砥节砺行》序

序说……………………………………………… 1

上篇

高尚志向 自觉磨砺………………………… 6

闻过知耻 折节砺行………………………… 16

立志于学 攀登不止………………………… 28

百折不挠 励志苦行………………………… 51

忍辱负重 志向弥坚………………………… 67

狱中砥砺 准备本领………………………… 74

亲人勖勉 竞相磨琢………………………… 80

下篇

明辨方向 砥砺名节 ……………………… 92

勤奋磨砥 业绩昭著………………………115

生活俭约 廉洁奉公…………………… 135
精研学艺 古今传扬…………………… 154
砥砺风操 为人典范…………………… 175
励志教育 国之大业…………………… 188
结语 ………………………………… 198
后记 ………………………………… 206

序说

“砥砺”一词，青少年朋友可能见得不多，更不常运用；而要说磨炼、勉励，则是大家屡见屡用的了。我们读古书，“砥砺”常会进入眼帘，显然古人爱使用它。“砥”和“砺”，都是磨刀石。“砺”是粗糙的磨刀石，用于磨大的金属刮削器，或者开始磨时用它，作粗磨；“砥”是细磨刀石，用于磨小的金属刮削器，或粗磨后再加工，作精细磨擦用。“砥砺”作为一个词来用，释义就成了磨炼、锻炼、淬砺，是讲一个人要想由不懂事到懂事、从无知到知识丰富、由不成熟到成熟、从有失误到改正过失并成就事业、就需要磨炼、并要有一个锻炼的过程、这就是砥砺。如同古代制作的铜镜，当它被铸造成形时，尚不能照出人影来，只有经过研磨，即经过砥砺，才能把人清楚地映像出来，这才成为镜子。

砥砺的意思是磨炼，古人有许多话反映这个

概念，如讲“砥砺廉隅”，是说锻炼自己不贪图小便宜，做官的人要廉洁奉公。又如讲“砥砺名号”，是说克制自己的不良欲望，按照法令的、社会的规范做人行事。再如说“砥节砺行”，是讲磨炼道德情操。砥砺还有一种意思，是勉励、努力、策励。如古人讲“砥砺宗族”，是说同一宗族的人互相鼓励。或说“勉勉循循，各相砥砺”，是讲人们之间相互勉励。磨炼、勉励两种意思是相通的，都是反映人们在社会生活中为实现其奋斗目标，自勉或接受他人的勉励，付出艰苦的努力，尝受人生的磨炼。

因此，砥砺、磨炼、勉励意思的引申，可以归结为坚韧不拔、不屈不挠、前仆后继的精神，忍辱负重、埋头苦干、吃苦耐劳的精神，兢兢业业、精益求精的精神。砥砺，可写作砥厉，也可称为砺砥，写作砺底。本书以“砥节砺行”题名，就是要介绍我国古代经过艰苦磨炼而获得成功的人，对社会有重大贡献的人，说明他们坚韧不拔精神的产生及其对社会的作用。上篇说明砥砺精神的培养；下篇介绍砥砺成就大业的古人；结语对古人的砥砺精神做分析，以便科学地吸收它的精华，令它在现代生活中发出光芒。

上篇

人们所具有的坚韧不拔的毅力，不怕苦、不怕累的实干精神，是在生活中努力实践获得的，是在磨炼中产生的。人们对自身要求不同，努力程度不一，因而坚韧不拔精神的拥有就会出现很大的差别，事业成就会更悬殊。所以坚韧不拔精神要有意识地培养，要在锻炼中产生和提高。孟子曾说："天将降大任于是人也，必先苦其心志，劳其筋骨，饿其体肤，空乏其身，行拂乱其所为。所以动心忍性，曾益其所不能。"他的意思是，秉承天命到人间干大事业的人，老天必然给他安排厄运，使他饱尝失败的痛苦，经济上贫穷，体力支付很大。经过这样困苦的煎熬，具有了坚韧不拔的毅力和不可动摇的决心，原来不能做的事情都能做到了，从而成为实现上天意志的伟人。孟子讲天命是唯心史观，我们不赞成，但讲人的坚韧不拔、吃苦耐劳精神在锻炼中培养，伟人在磨炼和奋勉中形成，就是唯物主义的看法了。司马迁在《史记》里又以一些历史人物的事例说明了这个理论。他说，周文王有被殷纣王囚禁在羑里的经历；孔子出身贫贱，周游列国，不受欢迎，狼狈得像没有主人的狗；

屈原被楚王放逐；孙膑受过刖刑；韩非满腹经纶，却得不到韩王的重用。可是这些人在磨难中著书立说，成为历史上的杰出人物，没有磨砺，他们也就不成其为后人心目中的伟人了。

根据古人成功的经验，要培养坚韧不拔、吃苦耐劳的精神，首先要确立高尚的志向、要有学习的热忱、有改正过失的愿望、在困难挫折面前不灰心丧气，逐步树立坚强的意志，并体现在工作劳动当中。

高尚志向　自觉磨砺

立志、砥砺、成功三者有无关联？是什么关系？

中国古代有许多名人谈及他们的志向，内容很不相同，但说起来颇有意思。项羽看秦始皇渡过钱塘江的盛况，感受深刻，脱口说出“彼可取而代也”的话，表示他产生了取代秦王当皇帝的愿望。他后来参加反秦起义，以破釜沉舟的气概击败秦军，成为西楚霸王。有趣的是刘邦到咸阳看到秦始皇，发出“大丈夫当如此也”的感叹，他也想做皇帝，他的目的也达到了，成了西汉王朝的缔造者。与刘、项同时的人陈胜，在给人家当佣工时，也想到要做富贵人。同伴讥笑他是白日做梦，他鄙夷地回答说，“燕雀安知鸿鹄之志”，意思是说小麻雀怎么能理解天鹅的志趣，小人不能懂得豪杰的心理。确实，他的伙伴讪笑错了。陈胜后来成为中国历史上第一次农民战争的领袖。刘邦的谋臣陈平屈居陋巷时，在乡邻聚会中替大家分肉，分得十分公平，众人赞扬。陈平却不高兴，叹息地说：“如果我是宰相，像现在这样办事，才有价值。”可知他同刘、项不一样，志趣在做宰相，后来他也如愿以偿了。陈蕃生活在东汉宦官、外戚乱政的时代，十五岁时房内杂乱，不堪入目。他父亲的朋友问他为什么不清理，他回答说："大丈夫处世，当扫除天下，安事一室乎！"天下不太平，一个房间整洁了有什么用！他不是消极失望，而是怀有扫清混乱政治局面的大志。他为此而努力，成为党锢之祸中清明派的领袖。李靖原来曾博览群书，念着念着不耐烦了，觉得读书做学问家、做儒学博士，不如立功疆场，获取富贵。他生当隋末乱世，战争中辅佐唐朝，成为数一数二的军事家。这些人各有志向，并为它的实现进行了艰苦卓绝的奋斗，终于实现初衷。由此可知，立志、砥砺、成功三者有着密不可分的联系。立志产生磨炼的动力，砥砺成就事业，因此我们讲砥砺，就从立志说起。

读过《三国演义》的人都知道，关羽走麦城，败在吴国将军吕蒙(公元 178~219 年)手下。智取荆州，生擒关羽，是吕蒙一生中最得意的事情。在赤壁鏖战中叱咤风云的周瑜以及鲁肃都没能为吴国取得荆州，而吕蒙实现了，可见他的功劳之大。但吕蒙的成功来之不易。获胜的奥秘在于他中年立志学习兵书和历史，从而在对关羽的战斗中能得心应手。

吕蒙少年时和母亲依附于担任吴国军官的姐夫邓当，十五六岁时就偷偷跟着姐夫出征。邓当发现后，斥责他，叫他回家，他不听。事后，邓当把这事告诉岳母，吕母非常生气地要责打儿子。吕蒙禀告母亲，我们寄人篱下，处在贫贱地位，我随军打仗，如果成功了，就能得到富贵。汉朝人班超进军西域时说过，“不入虎穴，焉得虎子”，我要像他那样夺取功名。吕母明了他的志向，就不再责备他了。但是邓当看不起他，公开侮辱他，说他不会有成绩，参加战斗，不过是送死。吕蒙难当羞辱，杀死了邓当的一个属吏，逃亡在外。后来他被吴主孙权用做小将，因立下战功，升任横野中郎将。一次，孙权对吕蒙和另一位将军蒋钦说，你们现在都掌管事务，要办理得好，就需要学习，增加智慧。吕蒙回答说，我们军队里事务繁忙，恐怕没有时间学习。孙权开导他说，你事务再多也不能超过我吧！我年轻时读过《诗经》《尚书》《礼记》《左传》《国语》，现在还抓紧时间阅览《史记》《汉书》《东观汉记》和各种兵书。我感觉到学习对我有不少好处。孙权又说，我让你们学习，又不是要求你们做经学博士。那样啃书本、钻研学问，不是你们的任务。你们领兵打仗，管理地方，应当学习兵书和历史，具体地说，就是要阅读《孙子》《六韬》《左传》《国语》《史记》《汉书》和《东观汉记》。吕蒙经过这一番开导，明白了道理，思想顾虑也解除了。他采取了一项措施，开西馆，延揽了一些有见识、有作为的人共同读书，开展讨论，以提高对兵法、历史的理解。更重要的是他自从立定志趣之后，坚持学习，不知什么是疲倦和困难。他除了精读孙权指定的书目外，自己又扩大阅读范围，以至于连专门从事儒学研究的人都没有他读得书多。

学习使吕蒙大有进步，遂有这样三件事：第一件是，当吕蒙以左护军、虎威将军屯兵陆口(今湖北嘉鱼)准备夺取荆州的时候，孙权问他是否可以出兵攻打曹操的徐州。吕蒙回答说，若打徐州，自然能拿下。但由于那里是陆地，而我军善水战，在那里施展不开，若曹操派遣大兵来争夺徐州便不能久守，这样还不如专力谋取荆州。吴国若东西两头作战，必然力量分散，哪一方面也难于取得胜利。我们利用自己的军事优势，专顾一头，就会赢得成功。吕蒙知己知彼的议论颇有全局观念，正合乎孙权的想法，遂使孙权决心攻夺荆州。第二件事是，吕蒙谋取荆州，完全用的是智谋。当时关羽北向进攻曹操的襄阳。吕蒙伪装有重病，辞掉职务，使关羽误认为吴国不会抄袭他的老家，就把留守荆州的兵力调到前方助战。而吕蒙却派兵偷袭了荆州。第三件事是，江夏太守蔡遗屡次向孙权揭发吕蒙部下有违法行为。吕蒙不但不记仇，反而向孙权推荐他，说他是忠于职守的好官吏，如此以公为重，海量容人，非常难得。孙权高兴地说吕蒙是学习春秋晋国大夫祁奚，专门举荐仇人。由这几件事可以看出，正是由于吕蒙刻苦学习，并把所学到的知识运用到军事、政治上，才取得如此卓著的成绩。

立志学习和读书中的磨炼，使吕蒙判若两人。年轻时他虽有志向，希望像班超那样血战沙场，取得功名，但那时他只有勇气，轻易杀人亡命，说明他为人处事很不成熟。但他经过学习上的磨炼，面貌大变，赢得了人们的尊敬。鲁肃开始时轻视他，及至和他讨论如何对付关羽的办法时，领教了他的见解，才赞美地说，想不到你有这么高的才略。吕蒙则自负地说："士别三日，即更刮目相待。"鲁肃表示同意地说，你现在可不是当年的小吕蒙了。"士别三日，刮目相看"的成语从此流传于后世。孙权看到吕蒙前后的巨大变化，甚至认为吕蒙可以和周瑜媲美。陈寿在《三国志》中给吕蒙做了评语，说吕蒙不只是个武夫，而且是位"国士"，评价相当高，也符合吕蒙的实际。吕蒙的事迹告诉我们，有了抱负的人，才可能在学习上、事业上经得起磨炼，从而获得成功。

张华(公元 232~300 年)，西晋的官僚，做到司空的高官，所著《博物志》流传甚广。张华一生经历各种磨难。开始他的才能不被社会承认，最后在"八王之乱"中被杀。但是他有一种信仰，始终鼓舞着他坚持走自己的道路。他早年写作《鷦鷯赋》，把自己比作鷦鷯，表达了他的抱负。他说鷦鷯没有玄黄美丽的颜色，羽毛不能做装饰品，肉也不是美味佳肴，因而不会招来危害。相反，苍鹰有利嘴巨爪，鹦鹉聪明学舌，都被人捕捉，不得自由。鷦鷯能保护自己，这就是它的本领，别看它不起眼，却有好的素质：固守自己的本分，不妄动，不骄傲；遵照简便的法则进行活动，不繁杂，不招摇。张华自比鷦鷯，相信具有鷦鷯生存的本领，抱着蕴含而不显露的处世态度，要为社会办实事，不搞阴谋和虚夸，透露出他的抱负很大。“竹林七贤”之一的阮籍读了《鹪鹩赋》，领会到张华的寓意，称赞他是“王佐之才”，从此张华才被人们知道。

青年张华的志向是在磨炼中产生的。他在少年时代父亲就死了，没有留下什么产业，他只能一边放羊维持生活，一边读书。他学习内容十分广泛，经学、史学、文学、科技书籍无不涉猎。那个时代流行的谶纬学他也接触，对神话传说表现了很大的兴趣。他为了学习，大量搜集、采购图书，因而积累丰富。一次搬家，竟用了三十辆车拉书。他死后，家里除了一堆书以外，没有什么财产。张华书读得相当认真，力求记忆和理解。他对汉朝的历史、政治斗争、赋役制度、宫廷生活，了如指掌。汉武帝营造的建章宫规模很大，有千门万户。一次，晋武帝问起建章宫和汉代的宫内制度，张华一面说一面在地上画图，解说得十分清晰，听的人津津有味。

张华所著《博物志》，内容广泛，山川地形、动植物和物产、医药物理、人情风俗、方士异人、食物器具、历史故事、神话传说、无所不谈。书中写的神话人物娥皇、女英，是舜的妻子，后世称二女为“湘夫人”。舜南巡亡故，娥皇、女英痛哭流涕，把热泪洒在竹子上，于是竹上尽成斑点。这湘妃竹引动了多少文人去讴歌，或者用它喻意。小说《红楼梦》里的林黛玉，人称“潇湘妃子”，她住的地方叫做“潇湘馆”，院中的千竿斑竹，秋风起处，一片凄凉，烘托出悲剧主人林黛玉的生活环境和多愁善感的性格。娥皇、女英的名字最早出现在《史记》里，而记叙湘妃竹神话的却是《博物志》。

张华在官场上并不如意。晋武帝和群臣商量攻打吴国的事，只有羊祜和张华主张出兵。但是战争的初期，军事上毫无进展，反对派要求诛杀张华以谢天下。亏得晋武帝明白事理，不推过于人，坚持进兵，消灭了吴国，张华才躲过了一场灾难，威望因之大大提高。但这也招来了群臣的嫉妒，张华被排挤出朝，到幽州担任地方行政长官。有人建议召他回朝，晋武帝怕他威望太高，只用他做九卿之一的太常卿。不巧，他管理范围的太庙房梁折断了，因而被免职。“八王之乱”中，赵王司马伦想做皇帝，争取张华的支持，张华拒绝合作。司马伦一怒之下，准备把他全家杀掉。官场上每一次打击，张华都经受住了，临刑前他说，我有一片丹心，不怕死，怕的是皇家祸害临头。死都不怕，意志磨炼到家了，他实践了自己的志向，成为正直的官员和学者。

另一个立志学习的人是东汉的赵晔，他家住在会稽郡山阴县(今浙江绍兴)。青年时他在县里做小吏，奉县令的命令去迎接郡里来巡察的督邮。赵晔觉得伺候人的差役丢面子、没出息，就把公家的马车抛掉，只身逃跑了。大约是怕被官府抓到，他躲到犍为郡资中(今四川资中)，远离家乡数千里，跟从杜抚学习，研究《诗经》，一学就是二十年，和家里也联系不上。家人得不到他的音信，以为他亡故了，便给他发丧守孝。杜抚死后，赵晔才回到故乡。扬州刺史召他到州里做官，他拒绝了，专心做他的学问。他写出《吴越春秋》，记叙吴、越的历史，是我国早期地方史的代表作。他还写有《诗细历神渊》，东汉末年文学家蔡邕(公元132~192年)读到后大加赞美，以为比王充的《论衡》还好。可惜它失传了。赵晔立志不做低下的小吏，不怕离乡背井的艰辛，忍受思念亲人的煎熬，终于在学术上有了贡献。

傅毅，生活在东汉前期，二十岁时开始学习儒家经典。为鞭策自己，他写了一首《迪志诗》。诗中说，读书人要及时勉励自己，要知道岁月易过，流逝了的就不能再回来。我本想实行儒家的仁义之道，可是我的力量还不充足。我的老祖宗傅说有功于殷朝，近世又有傅介子、傅善等立功于汉朝，我应当继承他们的事业。但是怎样才能提高我的本领，谁能教育我呢？还是先人的遗训最重要，就是对学习应有勤恳的态度，专注的精力。君子忌讳没有恒心，因此在学习过程中还要不断地勉励自己，不能有丝毫的松懈，这样才会获得成功。傅毅立志继承遗业，朝夕就学，学问、思想、从政能力都有明显提高。当时汉明帝求贤缺乏诚意，读书人不乐意出仕，傅毅便写作《七激》讽刺明帝，希望他改过。西汉文学家枚乘写过《七发》，“七”成为赋的一种体裁，傅毅也有功劳。窦宪为大将军，于公元89年攻打北匈奴并获得胜利，傅毅被他聘用为司马，和《汉书》的作者班固共事。窦宪大将军府的文风兴盛，就是傅毅和班固努力创建的。可惜傅毅享年不永，否则他的成就还会大一些。

逢萌，西汉末北海昌都人，和赵晔的经历有些相同。他原来是亭长，一天，县尉到来，他迎候拜见。事后，他把标志他职务的楯扔掉，感叹地说，大丈夫怎么能终身做这种伺候人的小事？于是他便离家到首都长安(今西安)求学。那时王莽正准备篡位。逢萌看到局势不好，又回到家乡，携带家属到辽东避难。东汉建立后，他才回到山东崂山，修养道德，成了大贤人。北海太守请他出来做官，他不肯，引起太守的恼怒，派兵去捉拿他。群众起来保护他，把士兵赶走。这样崇高的社会威望，是亭长所不能比拟的，它的取得，在于逢萌不甘心做小吏。

吕蒙、张华等人在立志以后，面貌大变。如果把他们的一生分为两个阶段，如同两个人一样。吕蒙如果不接受孙权的教导立志学习，只能是一个武夫，最多是听从主帅指挥的一员战将。可是学习了兵法、历史之后，他便成为令人刮目相看的、有韬略的大将。赵晔、逢萌倘若满足于填饱肚子的生活，可能会在小吏的位置上混一辈子。但是他们认为吏役地位可耻可悲，毫不吝惜地抛弃它，并经过学习，成为受人尊敬的学者和群众崇拜的偶像。张华、傅毅更加自觉地立定志向，并为理想的实现付诸努力。立志以后的吕蒙、张华等人，在军事、政治、文化各个领域，都获得了一席地位。这几个人的经历说明了，人要有成就，首先应立志。

有些人是在有了一些生活经历以后才立志的，这就要改变原先的工作、学习、生活习惯，要努力去认识不熟悉的事情。因此，为目标而奋斗，必须花气力，经历痛苦的磨炼，才能得到预想的结果。立志和砥砺联系在一起，立志使砥砺有了动力，能自觉地接受磨炼；经过实践中的磨砺，理想得以实现。这里重要的是立志。

吕蒙、张华等人所立的志向，是为着改善个人的社会地位，或为了保持家族传统，或为一个政权的稳定和发展，或为学术文化的发展，目标有大有小，境界也不同，这多少影响了立志者成就的大小。吕蒙、张华志向宽广一些，比逢萌独善其身，无论在当时，还是后世，影响都要大一些。所以选定什么志向很重要，它不宜局限於个人、家庭和小团体的范围。视野越开阔，考虑的社会面越宽广，越为大多数人着想，志愿可能就越宏伟，为它而奋斗的决心就会更大，经受磨炼的自觉性就会更坚强。陈胜说的“燕雀安知鸿鹄之志”，燕雀、鸿鹄立志不同，立什么志向，反映出人的识见。所以立志就是要为高尚宏大的事业去奋斗。

闻过知耻　折节砺行

古人说，不可能人人都是圣贤，人怎么能没有过失呢？其实，所谓圣贤也有误失，人更是难免要犯错误。人对自己的过失，无非是两种态度，一种是不承认也不愿意认识自己的错误，别人给他指出来，他不但不接受，反而加以辩解。古语说，这叫“文过饰非”。这显然是不好的态度，它阻碍人的进步，不利于自身的发展，对社会来说则会产生危害；另一种态度是“闻过知耻”“改过从速”。当别人指出他的误失时，能认真思索，虚心接受，把过失当作耻辱，进而改变自己的不良作风，使人们对自己产生新的看法，受到人们的尊敬。“闻过知耻”的态度对于青年人一生的成长尤其重要。当然，“闻过知耻”还只是处在认识自我的过程中，能不能改过，还要看实践。改过的实践也并不容易，要有个痛苦的磨炼过程。即使有了好的开头，能否成功，还在于能否坚持。坚持正确的东西，克服错误的东西，这就是磨炼的过程。经得起磨砺的，就胜利了。古人中就有一些人年轻时行为不检点，但后来能闻过知耻，折节砺行，成了有作为的人，因而受到人们的颂扬。

三国时吴国义兴阳羡(今江苏宜兴)这个地方有“三害”，搅得人们的生活不得安宁。这“三害”一是山中的白额老虎；二是河中的蛟，蛟就是鳄、鼍之类的水生动物，与老虎一样能伤害人类；三是“西郊周”，就是住在西城门外的周处(公元240—299年)。周处父亲死得早，少年时没有得到管教，虽然力气蛮大，超过青壮年，但在打猎时却经常糟蹋庄稼，还经常打人，致使乡邻厌恶他，躲着他。有一天，周处问邻人为什么唉声叹气，邻居回答说：“我们这里有三害，也叫做三横，山中的老虎，水中的蛟，都在伤人，你是知道的。还有你，动不动就打人，让人害怕你，厌烦你，这你大概不知道。你和虎、蛟使我们不能过舒心的日子，我们怎么不忧愁啊！”周处听了心里一愣，心想我成了与虎、蛟一样的禽兽，让人痛恨，不改过，怎么得了！于是决心清除虎、蛟，弥补自己的过失。他上山找虎，凭着一身力气，打死了它。下河杀蛟，他水性好，与蛟搏斗，一会儿浮于水面，一会儿沉于水下，随着河水的流动，游下去几十里。义兴人看着周处与蛟一块儿被冲走了，以为蛟和周处都死了，兴高采烈，庆贺三害的消灭。周处在水中奋斗了三天三夜，终于杀死了蛟，上岸回家。他听说乡邻在庆贺他的死，心情立刻沉重了。心想，自己为乡里除掉白虎、苍蛟，邻人不但不感谢，反而庆幸自己的死，可见自己罪孽深重，比虎、蛟还厉害。于是他决心改正自己的错误。周处经过前后两次检讨,对自己过失的认识加深了,可贵的是他不以杀死虎、蛟为功劳,更不护短,下定决心改掉自己身上的毛病。这就是闻过知耻的精神。但要真正改过,重新做人,又碰到实际问题。因为这时周处的年纪已经不小,以前的岁月是荒废了,今后还能改过来吗?就算改掉了毛病,也为时过晚,不会有什么出息了。他带着这个想法,到吴郡(今苏州)找陆机、陆云兄弟求教。陆机、陆云是吴国名将陆逊的孙子,陆机善作文章,陆云口才出众,他二人曾被前面说到过的西晋司空张华称为“二俊”。周处来访,陆机不在家,只有陆云接待了他。周处实话实说,讲了自己的短处,又讲了想改正怕没有结果的矛盾心理。陆云针对他的思想说:“古人向来提倡知过必改,早上明白了道理,晚上就是死了,也会受到尊重,何况你正当壮年,还有前途。再说人有了志气,还怕后世不能留名吗!”经过陆云的剖析,周处进一步认识了自己,坚定了改过的决心。以后他严格要求自己,成为《世说新语》一书所称道的“忠臣孝子”。周处在吴国任东观左丞。西晋灭吴之后,出任晋朝的御史中丞,负责监察百官。这个职务,要求秉公执法,不畏权贵。西晋宗室梁王司马肜犯法,周处依法弹劾他。这种刚正不阿的精神引起朝臣的忌恨。氐人齐万年领兵反对晋朝,晋朝派遣司马肜为西征大将军,率兵征战,又令周处随从出兵。伏波将军孙秀看出周处的不利处境,怕司马肜对他公报私仇,因此劝他说:“你的母亲年老,可以拿她作借口，不上前线。”周处却说：“我既然做了官，就顾不得服侍母亲，我就是死了也要服从君令。”到了前线，司马肜果然不顾大局，强令周处孤军作战。周处无奈，力战身亡。周处可以避免他人的迫害，但他以君臣大义为重，不怕危险，这是愚忠，今天不值得称道。但他从一个无赖，经过磨炼，走上正道，这种变化是巨大的，应当赞扬。

俗语“徐庶进曹营，一言不发”。说的是徐庶原是刘备的谋臣，被迫归顺曹操，但始终不给曹操出谋划策，表示他忠于旧主的气节。徐庶原来与周处一样是众人鄙薄的人。后来他改节励行，面目大改。他青年时好耍剑，不注意言行，好欺侮人，又做盗贼。东汉灵帝末年(公元188年)他为替别人报仇，把脸涂上白色的土，披头散发，改装后行凶，被官府抓获。官吏问他姓名，他闭口不答。官吏在车上安根柱子，把他绑在柱上，一边割他的肉，一边击鼓游街，令众人指认，但是没有人敢揭发他。后来他的同党来解救，使他得以脱逃。这一番羞辱，使他受到很大的刺激，决心重新做人。他扔掉刀戟，穿戴简朴，到学校投师学习。但是同学们听说他做过贼，行为不端，不肯和他共同学习。徐庶就以实际行动改变同学对他的看法。他每天早起，打扫庭院和教室，不乱行动，对同学表示敬慕，读书认真，理解透彻，收获很大。后来他又与诸葛亮交游。汉末大乱中，他与诸葛亮共同跟从刘备。在从樊城南下途中，徐庶的母亲被曹操俘获，他是个孝子，为母子团圆，只好告别刘备，投归曹操。魏文帝曹丕用他为右中郎将、御史中丞。诸葛亮北伐中原，知道徐庶没有得到高官，叹息曹魏没有重用他，看来徐庶真是没替曹魏尽心，是个矢志不移的人。今天看来，徐庶忠于的是曹操还是刘备都无关紧要。他的一生就在于受辱之后，能折节好学，重新做人，在历史上也有着引人注目的地方。

寇準(公元961—1023年)，宋真宗朝宰相，封莱国公，人称“寇莱公”。北宋初年，宋军在与契丹人建立的辽朝的几次战争中都失败了。因此当时在宋朝统治阶层中产生了一种“恐辽症”，一听到辽朝向南进军，就怕得要死。景德元年(公元1004年)，辽朝萧太后与圣宗率大军南下，副宰相王钦若和陈尧叟分别主张皇帝逃亡金陵、成都。寇準力排众议，认为南逃就会失掉天下，要求宋真宗渡过黄河，表示抗战决心，以鼓舞士气。遂在太尉高琼配合下，宋真宗到澶州(今河南濮阳)督战，宋军士气大振，打了胜仗。但宋真宗还是害怕失败，要与辽朝结盟，寇準反对。但真宗立意主和，愿给辽朝岁币一百万。作为臣下的寇準无法反对，只好指示宋朝谈判代表岁币不得超过三十万。最后订立了“澶渊之盟”，宋辽兄弟相称，宋为兄，辽为弟，双方以白沟河为界，宋朝每年给辽朝银十万岁币，绢二十万匹。这对宋朝是一个屈辱的和约，但若没有寇準的抵制，宋朝丧失的权利还要多。在这个事件中，寇準政治家的本色和作用充分体现出来了。但是少年时的他却是讨人嫌的孩子，不遵守社会道德，也不好好读书，就爱放鹰养狗，祸害邻人的庄稼。他的母亲屡次劝诫，他也不改。有一次他母亲气极了，身边只有秤锤，拿起来便向他掷去，打在他的脚上，鲜血直流。他母亲的这种严厉教育方法并不恰当，但是寇凖从此懂得母亲望子成龙，恨铁不成钢的心情，接受教训，立志改变恶习，认真学习。他读通了《春秋》《左传》《公羊传》《谷梁传》。十九岁考中进士。所以司马光在《涑水纪闻》中说寇凖接受母训，"折节从学"。寇凖富贵之后，其母已亡故。他每次抚摸到脚上的疤痕就悲哀地哭泣，怀念母亲，感谢她的教育。寇母重视对儿子的教育，力求纠正其不良行为，寇凖接受教训，砥砺于学，终于成为一代名臣。

周党，西汉太原广武人，父母早逝，家中财产丰富。一次，在众人面前，他受到主管征收赋税的乡佐的侮辱。周党把这件事牢牢地记在心里。后来，他到首都长安求学，读《春秋》，知道齐襄公灭掉纪侯国，是为九世祖齐哀公报仇。周党想到自身的仇恨，感到非报不可，便放弃学业，回到家乡，准备与乡佐决斗。到了约定的那一天，两人兵刀相交，周党被乡佐砍伤晕死过去。乡佐因他是为报仇而受伤，有气节，很佩服他，便把他用车拉回家中治疗。几天后，周党才苏醒过来。仇人给他养伤，表现出化解冤恨的诚意。周党想，决斗也不是解决问题的办法，受人一点儿侮辱，总记恨在心，也显得自己气量狭小。这样一想就把复仇的心思打消了，进而想做道德高尚的人，于是身体力行。当地人见他改节修身，表示敬佩，传诵他的高义行为。王莽建立新朝时，各种部队经常在邻近郡县进进出出。听说周党的高风亮节，到了广武县便没进城，以免骚扰。全城的百姓因为周党而得到安宁。刘秀建立东汉，两次征召周党做官，他以有病推辞，隐居渑池，著书立说。他死后当地人为表示对他的尊敬，立祠纪念他。周党如果尚气使刀，斤斤计较于小的恩怨，即使在一人一事上如愿以偿，也不过是小小的成功，与后来取得的社会荣誉没法相比，可见折节改行对他是多么重要。决斗报仇，基本上是上古时代的事情。游侠风习盛行于战国时代，到西汉末年已不再风行。周党摆脱古老的传统影响，其所作所为合乎时代的需要。

皇甫谧(公元 215—282 年)，长到二十岁，还不懂学习，只是玩耍，与表兄弟拿荆条编成楯，用木棍当作戈，分成两阵，互相打斗。嗣母任氏对他说了许多次，不要再玩闹了，该到念书的时候了，他却一直听不进去。人们以为他智力不足，是个傻子。一次，他得到一些瓜果，送给任氏吃，任氏又高兴又伤心地对他说："《孝经》上讲，儿子如果每天用猪肉、牛肉、羊肉供养父母，而不知道安慰父母的心，还是不孝。你已经二十多岁了，还没有正业，更严重的是你还没有走正道的想法，你这种状况怎么不让我担心呢。给我好东西吃，也安慰不了我。"任氏又自怨自叹，认为自己没有管教好他，不像孟母为教子三次择邻。任氏边说边哭，开导嗣子说：“好好读书，学做正人，能使你终身受益，我也安心了，你自己好好想想吧！”这充满感情的话，深深地教育了皇甫谧，于是，他改变了生活态度，立即开始学习，以弥补浪费的时间。因家里贫穷，他便亲自到田里干活。去时带着书籍，走路、休息也不忘看书。后来他得了风痹症，仍然不停地读书，经过常年的积累与思考，皇甫谧成了有名的学者，自称“玄晏先生”。晋朝皇帝屡次征召他，他坚决辞谢，并隐居著述。他曾著有《帝王世纪》《年历》《高士传》《逸士传》《玄晏春秋》《圣真》等书。特别是他所作《黄帝三部针灸甲乙经》，简称《甲乙经》，阐述了经络、治疗理论，指出了人身六百四十九个经穴的部位及主治疾病、针刺分寸，总结了西晋以前针灸疗法的临床经验，是我国针灸学的重要著作。皇甫谧从一个顽劣的青年，变成有杰出贡献的医学家和学者，说明折节砺行对于青年人的重要。

唐玄宗时名相姚崇(公元650—721年)，年轻时喜好打猎，直到二十岁，仍以“呼鹰逐兽为乐”。有一个叫张憬藏的人对他说：“看你的相貌、资质，是国家栋梁之材，将来可以做到宰辅，你不要自暴自弃，趁着年轻好好学习吧！”这一番话对姚崇影响很大，好多年以后仍记忆犹新。从此，姚崇不再贪玩，一心念书，练就了下笔成文的本领。玄宗登基不久，表示要任用姚崇做宰相，他没有立刻谢恩，却提出了十条建议，看皇帝能否采纳，以决定他是否接受新职。这十条建议是根据先年弊政提出来的。

一是实行仁政，除去武则天以来的严刑峻法；二是对边疆的开辟，不专恃武力；三是惩治犯法的官员，从皇帝身边的幸臣开始；四是不得让宦官参预政事；五是杜绝皇亲国戚的贡纳，免得他们去贪求；六是中央重要部门不得任用外戚、驸马；七是希望君主按礼节对待臣下；八是欢迎忠臣谏诤；九是不要营建佛寺道院；最后是防止外戚干政。唐玄宗要结束韦后以来的混乱局面，姚崇建议的各项内容，势在必行，玄宗基本上实行了，并取得了好效果，出现了开元之治的盛世。姚崇若不改节砺行，哪能辅弼玄宗成为名相呢？

薛惟吉(公元 955—996 年)是宰相薛居正的养子。养母溺爱他，他只知和开封少年玩耍，踢足球，摔跤，听音乐，喝酒无度，就是不爱学习。宋太宗即位，给三个宰相加恩，另外两个宰相的儿子封官尚书郎，惟吉没有文化，授了武职。居正故世，太宗吊丧，问居正的妻子，你那个不肖的儿子改了脾气没有，若还是老样子，你的家就要败落了。惟吉听了，既惭愧，又害怕，决心改变生活态度，接近学习上进的人，加紧读书。人们看他变好了，不时地予以称赞。太宗也改变了对他的看法，任命他去做地方官。他干练地料理政务，与过去判若两人。可以说，砥砺改过，挽救了薛惟吉。

元朝人张翥(公元 1287—1368 年)，他的父亲是个小官，担任杭州钞库副使。张翥聪明过人，少年时就显出才华，但是他不在读书上下功夫，不知约束自己，踢起足球就不知收场，摆弄乐器也没有节制，家里的事务一概不闻不问。他父亲怕他大了没有正当事做，很替他担忧。张翥看出父亲的忧愁，深深感到内疚，觉得这样玩闹下去，前途不堪设想，立意改过。他对父亲说："请您不要担忧，我不再像从前那样贪玩了，从今以后做正事，干正业。"从此，他不再结交损友，专心致志地读书。为求明师指点，他离家到安仁县跟从李存学习。李存是江东大学问家，是心学大师陆九渊的传世弟子。张翥跟他学习哲学思想。回到杭州，张翥又向仇远请教。仇远善于作诗，张翥把赋诗的本领也学到手了。很快，张翥善作诗文的名声就传开了。这时张翥仍不满足，他渡过长江，到扬州广交学友，提高自己的学识。经过多方求学，刻苦磨砺，张翥出仕为祭酒、集贤学士。元末，权臣孛罗帖木尔与扩廓帖木尔争权。前者控制中央，要求张翥起草诏书，削夺后者官爵。张翥因纷争不利元朝统治，拒绝拟写诏书，表明他深明大义，胸有全局。张翥语言生动，善于表达，说话常常令人大笑不止。由于他的诙谐，到他屋内，就使人性情开朗，畅谈尽欢。张翥从顽劣少年变为有见识的文臣，他的人生转折点，就在于认识到自己少年的荒嬉过失，刻苦地完成了学业。

周处、徐庶等人青少年时代都有过错，但他们都肯改过自新。一旦认识了错误，便产生自我砥砺的动力，同旧我决裂，选择正确的人生道路，向生活目标迈步。他们为克服自身的恶习，能自觉地经受艰苦的磨炼。对因自身不良行为造成的坏影响，他们能主动去做补救，哪怕人们一时不谅解，也能继续以实际行动改变人们的看法。正是有了这种勇于改正错误的态度，扭转了他们的人生方向，才有后来事业上的成功。折节改行，成了他们新生命的起点。

东汉末年政论家徐干说，人若聪明过人，不值得骄傲，能言善辩不足为奇，勇敢果断也没有什么了不起。我们所尊崇的是做了好事还觉得做得不够的人，改正了错误还怕还没有改彻底的人。人人都会犯错误，聪明勇敢不是评定人的最终标准，能为善、去恶务尽的人才是最难得的。心学大家王阳明说，贤人也难免有过，但是人们为什么还承认他是贤人呢？就是因为他能改正。所以，人不在有无过失，重要的是能不能改。孔子更说："过而不改，是谓过矣。"即认为有过错不改正，才是真正的过错。唐代经学家孔颖达说："过而能改，善莫大焉。"孔子等人胸怀博大，能原谅他人。尊重改过务尽的人，这是我们考察周处等人历史所持的态度。人对于自身的毛病，还有什么理由不去彻底地清除呢？

周处、寇準、张翥等人青少年时代也有自己的爱好，放鹰逐狗，踢球，弹琴，并不都是坏事，可以用来锻炼身体，也是一种娱乐。但是如果一味沉湎其中，尤其是鹰犬之乐，很容易变成坏事。青少年正处于长知识、长身体的人生阶段，主要的任务是学习书本知识和掌握适当的劳动技能，并通过体育运动增长体质。少年寇準、张翥等人的错误，就在于忽视了书本知识的学习。青年人要明确主次，放鹰犬、踢足球虽有益体质健康，有益智能的增长，但如果把它与主攻方向对立起来，影响读书，就只能在人生的道路上起不良作用了。贪玩的青少年应从寇準、张翥的经历中得到启示，学会处理好读书与玩乐的关系，把它们协调好，互不影响，互相促进。青少年应当有业余爱好，但是要玩得有意思，要有高雅情趣，千万不能影响正业的学习。

立志于学　攀登不止

《礼记》中说："玉不琢，不成器；人不学，不知道。"意思是讲，玉石可贵，不经过雕琢，不能成为器具；人要是不学习，就不明事理，不懂得如何做人。所以管理人员首先要让被管理的人学习。做为个人也应把学习放在第一位。庄子说："好学为福也，犹飞鸟之有羽翼也。"这句话把学习的重要性说得很生动。鸟无翼不飞，也就不成其为飞禽，人若不学习，就不会有智慧，也许会像动物那样愚笨、野蛮。孔子对他的儿子孔鲤说："一个人的容貌俊美、力气大又勇敢、祖先声名显赫、宗族地位崇高、这些条件固然很好，但更重要的是，他若能名扬四海，流芳百世，还在于他本人学习所取得的成就。"这是说家庭环境再好，本人不学无术，也不会有什么作为。

学习，对于青少年讲，主要是指学习书本知识。它是前人经济生活、政治生活、社会生活和精神生活的总结，是人类智慧的结晶。阅读有益的书籍，能够得到各种知识，在前人经验的基础上，创造新的生活条件，享受比前人更进步、更文明的美好生活。但是学习书本知识谈何容易！对于后人来说，书本知识是没有经过亲身实践的知识，是不熟悉的甚或是完全陌生的知识。接受者与知识之间的这种距离，就产生了学习的困难，就可能因为读不懂，理解不深，或者由于对所学知识缺乏了解而丧失继续学习的信心。对于刚开始学习的人，特别是少年、青年，困难就更多，更需要努力克服，以达到预期的效果。凡是决心学习的人，得有经受磨炼的思想准备，要苦煎苦熬地度过一些岁月，才能摘取知识的硕果，享受拥有知识财富的快乐。

上面只是就知识本身的学习难度而言。此外，学习者本人以及客观环境的条件，也会给人们学习造成不少困难。例如，有的人家境贫寒，没有学习条件；有的人身有疾病；有的人年老体衰，目力耗损。甚至冬天的寒冷侵袭，夏天的蚊蝇叮扰，都会影响人们的正常学习。在科学不发达的古代，长长的黑夜，也会给古人的学习带来不便；世道的混乱，也能影响人的学习。在这些主客观条件面前，不怕艰苦的人，边学习，边想办法，多吃些苦，越过障碍，成就了学业。现在我们就把那些成功的古人的事迹区分为不同类型，分别加以叙述，以认识他们刻苦求学精神的高贵所在。

克服夜读困难

古人有许多诗词歌咏烛光的美好并赋予它以感情。金代文学家元好问在他的《西斋夜宴诗》中就有“金钗翠辫迎春髻，银烛光摇半夜春”的诗句，意为摇曳的烛光与盛妆的女性相辉映，给晚宴带来活力。但烛光的照明度有限，在烛下读书就有许多麻烦了。大风吹起，可以熄灭烛火；微风经过，烛光摇动，光线忽明忽暗；蜡烛燃烧，出现烛花，影响光亮，需要不断地剪掉；坐得离灯近了，灯影下黑，会看不清字；坐得离灯远了，亮度又太小；蜡烛燃烧放出的烟，一晚上下来，人满鼻孔都会被熏黑，这些都影响古人夜读。对古人来说，用蜡烛还算是讲究的，还有用菜油点灯的，就是将灯芯放在油碗里，灯光如豆，照射的范围很小。再就是松明，又叫松炬，用有油的松树心做成。苏轼《夜烧松明火诗》云“夜烧松明火，照室红龙鸾”，对松明火已相当满意了。由此看来，夜间照明问题，成了古代读书人的大问题，其苦处今天我们很难体会。但是不少古人用乐观的态度对待它，创造出许多刻苦夜读的佳话。

匡衡，西汉人，家里世代务农，他却一心想学习。由于家里没有钱供他读书，他便白天出去当佣工，挣点钱物，维持生活，晚上读书。有时他在大户人家做工，遇到主人家藏书很多的，匡衡便不要工钱，请求借几本书给他读。匡衡晚上念书，没有钱点蜡烛和油灯，邻居家虽点着灯火，但隔着墙，照不到他的屋里。他就在墙上凿个孔，让邻人家的光透过来，他便把书对着这点光亮阅读起来。“凿壁偷光”的故事就这样产生了。匡衡偷用邻居家的余光，不知疲倦地进行学习，对《诗经》有了精到的理解，受到人们的尊重。同时的儒生曾有这么个说法，说："你不要再谈《诗经》了，它的研究者匡衡就要到了；匡衡说《诗经》，那才叫透彻，解决人的疑难，让人心里畅快。"汉元帝喜好《诗经》，请匡衡辅导他学习，匡衡受到信任，被拜为丞相，又被封为乐安侯。匡衡，一个农家子弟，经过凿壁取光的读书磨炼，终于成就为大家。

车胤，东晋人，年幼就懂得勤奋读书，不知疲乏。但他家里穷，经常没有油，不可能点灯夜读。夏天有萤火虫，车胤就捉上几十个，放在小麻布袋里，借用萤火虫的光读书。后来他成为博学多能的人，出任为吏部尚书。他为人正直，不趋附于当权的会稽王司马道子、司马元显父子，后被迫自杀。他的聚萤读书，被后世传为夜读典范。

孙康，南朝人，家贫穷，夜晚没有照明的工具，常常就着雪的反光读书。冰雪天，气温低，到屋外雪地读书，必然要受到寒气的侵袭。他家穷，衣着必定不能周全，腹中也难免饥饿，在饥寒交迫下苦读要有多大的毅力！他实践了映雪读书，成为读书人的一位楷模。

在南朝，济阳郡江氏宗族里有两个江泌，其中一个极讲孝道，人称"孝江泌"。孝江泌家贫穷，白天做木屧底出卖，夜间读书，赶上有月亮的日子，就借着月光读书。月亮偏斜时，屋檐、树枝遮住光线，他就爬到屋顶读书。有时他因白天劳累，晚上熬不住了，就在屋顶上睡着了，摔下来，醒了，再爬上去，继续学习。后来他出任南康王萧子琳侍读。萧子琳被皇帝杀害，他不顾危险，为萧子琳收尸殡葬，显示了他为人的正直和勇敢。

顾欢是吴郡盐官人，世代务农。他的父亲叫他到田里去赶鸟雀，他一心想着念书，作了一首《黄雀赋》，稻子却让麻雀吃了许多。回到家里，父亲要责打他，他说作了赋。父亲知道他不是贪玩，也就原谅了他。乡间有个学舍，顾欢交不起学费，不能入学，就在墙外偷听，跟着人家念。由于他专心，听过的也就全记住了。夜晚读书，有松明还好，没有松明时便烧稻糠，利用时隐时现的一点火光，辨认字迹。成年之后，他跟从豫章雷次宗学习玄学和儒学。南齐朝廷召他做官，他不从命。晚年遵从道教，研究儒学、佛学、道学三者的关系，著有《文议》《三名论》，为学者传诵。燃糠照明读书，这可能是从顾欢开始的。

北魏时祖莹夜读用火，与上述诸人的情况不同。祖莹家庭世代做官，有钱点灯火。他八岁能念《诗经》《尚书》，十二岁为中书学生，喜好学习，日夜不停。他的父母怕他把身体搞坏了，不许他晚间多读书，每天早早地就把他的灯熄灭了。他表面上遵从父命，但是暗中把火种埋在灰里，把仆人打发走。等到父母入睡了，他再起身点火，又怕光亮被人发现，便用衣服把窗户遮起来，然后肃静地读书。即便如此，他的秘密还是被家人发现了。

这么好学的事迹传扬出去，亲属们管他叫“圣小儿”。他一边读书，一边作文，文章受到当时高明人士的称赞。一次，中书学生聚会，讲解《尚书》，祖莹因夜读疲劳，不知不觉睡着了，等醒来已经天亮，慌慌张张地把《曲礼》当作《尚书》带到课堂。由于老师严厉，他不敢回去取书。但是当老师叫他背诵《尚书》三篇时，他没有背错一个字。事情传出之后，魏孝文帝召见他，他应命背诵和讲解五经章句，得到皇帝的赞赏。他就是经过夜以继日的学习，成为京师数一数二的才子。后来他出任国子祭酒、秘书监、仪同三司，作有文集，主张作文要自成一家风格，并有自己的见识，不能与他人的文章雷同，反对当时文风中的公式化现象。他苦读有学识，才有可能提出这样的主张。

唐朝人苏颋(公元 670—727 年)，他的父亲苏瓌官至尚书右仆射，许国公，富贵之家，使用烛火不应当有问题。但是苏颋少年时不受父亲钟爱，常常与仆人生活在一起，晚上念书，没有灯烛照明。他又喜好学习，而且天资聪明，千余字的文章，读过一遍，就能背诵出来。他为了晚上学习，就到厩棚灶房，用炉堂里的火光照明。炉堂的火常被灰盖住，他就时时用嘴吹气，使火燃烧得旺一点儿。经历了这样的苦学，他文采出众，写出的文章雄浑有力。宰相张九龄常读他的文卷，向同事介绍说，苏生胆识过人，真是文坛上的“雄帅”。苏颋二十岁中了进士，不久供职中书舍人，专为皇帝起草文诰。他的上司中书令李峤感叹地说：“苏颋文思如泉涌，我是比不过他的。”唐玄宗清除太平公主势力时，诏书多出于他的手笔。唐玄宗很欣赏他的文字，多予关怀。有一年中秋节夜晚，苏颋在宫中值班，玄宗赐宴诸学士赏月。当时天高无云，月光照得大地如同白昼。苏颋说：“月光可爱，何必再点灯蜡。”玄宗听了，立刻下命撤去灯蜡。苏颋累经升迁，官至宰相，与名相宋璟亲密合作。宋璟为人刚直，遇事果敢裁决，往往不和苏颋商议。苏颋并不认为这是看不起他，而是顾全大局，让宋璟发挥他的长处。在玄宗面前奏事，宋璟说不到的事或被玄宗问得答不出来时，苏颋便加以申述，使玄宗乐于采纳他们的建议，感动得宋璟说他“尽公不顾私”。

《明史》等书中记述了画荷隐居的王冕，使元末明初的王冕有了较大的知名度。王冕是在寺庙长明灯下读书成长的。他是浙江诸暨人，家中贫穷，却喜好读书。他父亲叫他去放牛，他把牛牵出去就不管了，自己却偷偷地跑到学校，偷听学生们读书，直到晚上回家时，牛已跑得不见了。他父亲气得拿板子打他。过后，他依然到学校旁听。他母亲理解他执着读书的心情，向他父亲说：“孩子痴到这种程度，不如顺着他的意思，就让他学去吧。”从此他父亲不再让他放牛了。他到佛寺里，晚上坐在佛膝上，就着长明灯读书。他的事情被会稽人韩性知道了，接受他为弟子，于是他把儒家的经典都读遍了。后来他北上燕京游学，秘书卿泰不花打算举荐他，他不同意，返回家乡。他认为天下将大乱，便隐居九里山，种梅千株，自称“梅花屋主”。他善画梅，求画的人接踵而至。果然如他所料，元末农民起义爆发，天下大乱，明太祖朱元璋打到浙江婺州，委任他为咨议参军，但他很快病故。

匡衡、祖莹、王冕等人夜晚读书的困难，虽然因家庭情况的不同而有所差别，但他们都有战胜困难的决心和勇气，并且胜利了。他们的勇气来自于渴望学习的动力，而这个动力的强化，恐怕是书中的知识所鼓舞的。可以想象，当他们读到《史记·孙膑传》，看到孙、庞斗争，魏军被全部消灭，便会得到智慧的启迪。通过这些战例，他们就会懂得知己知彼，百战不殆的道理。

当然，古时的书大多写在竹片、木片上，或写在布帛和纸上，字体一般比较大，所以才有可能在萤光、月光、雪映下读书。我们学习古人，不是模仿他们在昏暗的光线下读书，而是要学习古人坚韧不拔的毅力和如饥似渴、积极进取的苦读精神，并从中得到启发和鼓舞。

贫贱中学习

前述夜读人中有不少家境贫寒的。有些人除了家境贫寒外，还因读书遭到过羞辱，但他们硬挺过来了，并取得了一定的成就。苦中煎熬较之夜读的困难别是一番滋味。

朱买臣(? —公元前115年),西汉会稽吴县(今属江苏)人,家境困乏。朱买臣因为专门注重于念书,没有精力顾到理财发家,只好靠打柴卖钱度日。他每次把柴送往集市,挑着担子,边走边念书,还大声吟诵。念书、卖柴是两种人的活计,朱买臣把它们集中于一身,本来就不协调,还要在买卖中诵读,在一般人看来,未免滑稽可笑。他的妻子和他一道去砍柴,然后背着柴跟在他后面走,见他诵读,觉得难堪,劝他不要在路上念了。朱买臣不听。劝得多了,买臣心里烦躁,于是加快步伐,更大声地诵读。妻子见朱买臣的行为让人可笑,自惭形秽,要求与朱买臣离婚。朱买臣笑着对她说:“我到五十岁就会得到富贵,现在已经四十多岁了,你跟我这么多年,受了许多苦,等我富贵了,我会报答你的,你何必离开我呢?”他这么一说,反而激怒了妻子,她说:“像你这样,最终不过是饿死在山沟里,哪里谈得上什么富贵?我是坚决要走了。”朱买臣见她不理解自己,只好同意她离去,她很快又结了婚。有一次朱买臣背着柴,边走边读书,到了一所墓地,看到他原来的妻子与她的丈夫正在上坟。他们见到朱买臣饥饿疲惫的样子,便叫他一块儿吃了饭。几年后,吴县上计吏到首都长安办公事,朱买臣充当卒役,为他推车。在长安公事许久不能办妥,公粮又缺乏,朱买臣只好靠求乞维持生命。幸亏同郡人严助向汉武帝推荐朱买臣,武帝召见他。朱买臣向武帝解说《春秋》和《楚辞》,武帝听了很高兴,就把朱买臣留在朝廷，拜官中大夫。汉武帝开拓边疆，身边有一批谋臣，如严助、司马相如、吾丘寿王等，朱买臣也是其中的一员。当朝臣讨论开边政策发生争执的时候，武帝就命这批谋臣参预讨论。御史中丞公孙弘反对建置朔方郡，武帝让朱买臣等同公孙弘辩难，终使公孙弘同意经营朔方。后来朱买臣被任命为会稽太守，乘车赴任，会稽郡官吏特派人打扫道路。朱买臣到了吴县，见到原来的妻子和她的丈夫也在清理道路，就让他们坐车，随从到了太守署，居住在后园中，供给他们饭食。一个月过后，故妻心里难受，大约是后悔改嫁，遂上吊自杀。朱买臣还是感念旧日的恩情，资助其后夫，为她发丧殡葬。

王欢的妻子和朱买臣的妻子一样要同丈夫离婚，原因也是王欢只顾读书。王欢是西晋时代人，专心学业，不顾家计，对于贫穷毫不在乎。由于没有固定的收入，家里没有存粮，经常饿肚子，靠乞讨度日。但是王欢仍旧乐乐呵呵，陶醉在书本知识的海洋里。他的妻子受不了这份苦，认为他不读书就可以管家了，于是向书籍撒气，把他的书都烧了，还要求和他离婚。王欢以为她见识浅，笑着对她说："你没有听说过朱买臣妻子的故事吗？在朱买臣没有发迹的时候，她闹着离婚。后来眼见朱买臣的富贵，惭愧地自杀了。你要引以为戒啊！他的妻子是否听了他的话不再闹离婚了，史书上没有记载。但是旁人听了王欢的话，都笑话他，认为他在说大话，想做朱买臣第二。王欢不顾别人笑话，继续读书，终于学有成就。前燕请他做国子博士，国君亲自听他讲学，升他为国子祭酒。王欢的苦学知识，终于得到了运用。

王育，京兆人，少年时孤苦伶仃，给人家放羊。他想学习，又得不到机会，每当路过学舍，便伤心得流泪。稍微有一点儿空暇，他便就地取蒲条炼习写字，学得入了神，丢了羊也不知道。主人发现后，非要他赔偿，他哪里有钱，便想把自己卖为奴隶，用卖身钱赔还主人。同郡许子章为人机敏豁达，听说了这件事，便代替王育赔了钱，叫他不要做牧羊工了，还供给他衣食，让王育和自己的儿子一块儿学习。王育得到了这样好的机会，实现了读书的宿愿。他博览经史，掌握了要义。他容貌出众，声音动人，许子章非常看重他，把侄女许配给他为妻，还分给他一份家业。后来他受京兆太守杜宣的邀请，出任郡主簿，不久杜宣降职为万年县令，和邻县杜陵令王攸发生冲突。王育认为王攸是对原来的上司不礼貌，也是欺辱自己的长官，对他厉声痛斥，拔刀要杀死王攸，被杜宣拉开，由此众人知道王育讲义气。司徒王浑推荐他做了南武阳令。王育本身清廉，办事明快，盗贼怕这样的县令，不敢作案，逃遁到其他郡县去了。成都王司马颖当政，任用王育为破虏将军，后来他官及太傅，达到官位的顶点。

承宫，琅玡人，幼年丧父，八岁给人家放猪。同乡徐子盛讲授《春秋》经学，有几百个学生。一天，承宫走到徐家门前，听他讲学，入了迷，猪也不要了，请求徐氏收他做门徒。这时雇主找来，要责打承宫，同学们不让他打，徐氏便留他学习。承宫因为穷，便给同学打柴，换口饭吃。一次，大约是他上山打柴，在路上捡到被老虎咬死的鹿，便把肉分给同学吃，把皮献给老师。这样学了几年，终于学成了，便归家传授门生。时值西汉末年大乱，他便到蒙阴山区避难，一边种田，一边读书。东汉明帝召他做官，起先为博士，升迁为左中郎将，他屡次对朝廷政事发表意见，持正不阿，名气很大。匈奴使者来到洛阳时也仰慕他的为人，要求和他会面。

朱詹居住在建业(今南京市)，喜好学习，家里穷得没有粮食，常常一天也吃不上一顿饭。有时他饿得太厉害了，一边看书，一边不自觉地把纸吞到肚里。寒冬腊月没有被子盖，他就抱着狗睡觉，求得一点儿温暖。就是这样的艰苦生活，一点儿也没有动摇他的求学意志，他坚持读书，后来成为学士，受到时为湘东王的梁元帝的敬重，聘请他做镇南将军府的录事参军。

东汉人边韶，字孝先，善于写作文章，得到学界普遍承认，向他求学的人很多，他同时教授几百人。一天，他穿着衣服躺下来，闭目思考问题。学生以为他睡着了，小声地嘲笑他说："边孝先，腹便便，懒读书，但欲眠。"意思是说，我们这位边老师，肚子肥大，不装学问，懒得念书，只想睡觉。边韶听见了，随口回答说："边为姓，孝为字。腹便便，《五经》笥。但欲眠，思经事。寐与周公通梦，静与孔子通意。师而可嘲，出何典记？"意思是，我边孝先肚子大，把《五经》都吃透了，我睡觉是为做梦，向儒家的老祖宗周公请教，我安静地思索问题，好得到与孔子相同的看法。你们随便嘲笑老师，这是哪一部经典著作告诉你们这样做的？说俏皮话的学生听了非常惭愧。这个故事反映了边韶思维敏捷，善于辩论。他的智能来自于他的苦学。看着他是在休息，其实他是在冥思苦想，探讨理论奥秘。可以说他的脑子没有闲的时候，随时随地寻找解难题的答案，这种思索的痛苦，只有过来人才会有深切的体会。边韶后来走入仕途，开始做太中大夫，到国家藏书处东观阅读和写作，后来做过太守、尚书令，写作有诗、颂、碑、铭、书、策十五篇。

刘峻(公元462—521年)，字孝标，南朝平原(今属山东)人，父亲在南朝宋做官。孝标八岁时，与母亲、哥哥被北魏俘虏，被人卖到中山郡。有个富人刘实可怜他，为他赎身，教他念书。北魏政府听说他有亲属在南朝，便把他向北迁徙到桑乾。孝标好学，家里穷，母亲出家为尼姑，他和哥哥当和尚。后来母子还俗，借住人家的房子，他仍继续读书，晚上点麻秆照明，通宵达旦地学习，有时累得睡过去，把头发烧着了，惊醒了再读。后来，孝标偷跑回南朝，觉得在北方读书还不多，便千方百计找书看。凡建康人家有的书，他都去借。因此清河人崔慰祖说他是“书淫”。到了梁朝，孝标出任荆州户曹参军，奉安成王萧秀的命令，编纂《类苑》(一百二十卷)，就是把性质相同的文章编辑在一起。因为他不能趋附世俗，对佛家不尊重，招致梁武帝的嫉恨，不加任用，遂到东阳居住，教授生徒。孝标终身不得意，生活中的磨炼，促使他在学业上勤奋。他给刘义庆的《世说新语》作注，补充了大量史实。孝标还作有《山栖志》《辨命论》等书，并有文集，可惜散佚了，明朝人把能收集到的，汇辑成《刘户曹集》。

王命岳，明末清初福建晋江人，少年时家里有祖父、父亲、母亲、兄弟姊妹，共十口人。他父亲有病，精神也不正常，生活来源主要靠他母亲做针线活，每日夜晚做到鸡叫才休息一小会儿，就这样一天才挣十几文钱。明朝末年晋江地区四百文钱可以换一两银子，王命岳母亲一天挣的钱约合三分银子，可以买将近两升米。可是他家十口人，全天要吃六升半米。就在吃了上顿没下顿的情况下，王命岳艰苦求学，十九岁考中秀才，开始谋生。他给一位朋友做伴读，人家只供给一顿饭，早、晚还得在家里吃。不过他想这样也不错，好坏有一顿饭吃，也不影响自己的学业。二十二岁时，有位友人请他辅导孩子读书，办法是书由朋友自己教，王命岳只是给那个学童看看文章。开始朋友讲的工价是每月给三斗米、三钱银子蔬菜钱。报酬微少，但王命岳核算后觉着划得来：东家来了客人要留他做陪客；有好友请吃饭、学友们组织的读书社集会时也有饭吃。这样一个月大约要白吃十天，自己开伙只有二十天。每天吃米七合五勺，二十天用米一斗五升，可以结余一斗五升米；三钱银子折成钱有一百二十文，每日用柴钱一文，三天用菜钱一文，二十天共用二十七文，能剩九十三文，又可买一斗五升米。这样，除自身吃食以外，尚有余米三斗，可以补贴家人食用。有这份进项总比没有强，他就答应了。可是还没有等到他去做事，那位朋友变了卦，表示愿意供给他伙食，不再给银子和大米。王命岳知道这对他本人的饭食会比自做吃的好，但却没有余米养家，不如原来的办法好，就要求还按原来商议的法子办，人家不同意。王命岳只好接受了新办法。每当东家送有好饭，或者朋友同情他家里穷，给他送好吃的，他就借故将送饭人支开，把肉和饭送回家中，给老人吃。有时和东家一块儿进餐，饭菜好，他没有法子往家送，想到祖父、父母糠菜和粮的饭食，自己难受得咽不下去，索性装病，也不吃饭了。他为了多挣钱，除辅导学童以外，还日夜给人家抄写，一天可以得七八分银子，接济家用。王命岳生活上的苦和他心里的苦交织在一起，受尽了煎熬。不过他利用抄写、教学辅导的机会进行学习。二十几岁时，父、母、祖父相继故去，不能参加科举，到三十一岁才中了举人，后来考中进士，做给事中。对于吏治、军政、漕运、救荒等重大事情，每每上书皇帝，提出建议，尽到他的职责。他著有《耻躬堂文集》，又为教育子孙，不忘家世之苦，写有《家训》一篇。王命岳如果没有毅力，经受不了生活的折磨，不过是苦孩子——穷汉一生，哪能有后来的发展。

朱买臣、王欢等人的刻苦磨砺，表现在两方面，一方面是身体的，饥寒交迫，穷困到吞纸充饥，抱狗取暖，卖身为奴。另一方面是精神的，贫困力学，不被人理解，却被当作笑料来嘲弄。这种不理解，有时来自于亲人，亲人的不理解，是最大的苦恼。世人尖酸刻薄的言语，同样刺伤着他们的心。他们所受的心理刺痛比饥饿还要严重和难于忍受，但是他们都闯过来了。他们克服了心理的伤痛，不怕妻子离婚，不怕世人讪笑，坚持学习下去，终于成功了。身心俱劳，是朱买臣、王欢等人的特点。他们的苦学精神包含着克服物质与精神两方面的困苦，所以他们留给后人的精神财富也更多一些。

老年读书不辍

有些人，一生注意读书，即使到了老年，学习、研究仍不停顿，仍然接受新事物和新鲜知识，并不断总结学术成就和人生经验，志向更坚定，更舍不得浪费时间。还有一些人在学习的黄金年月未能认真读书，到了老年，获取知识的愿望反倒日益强烈。

老年读书，比起青少年，有特殊的困难。比如目力昏花，辨认字体就不容易；精力不再像青少年时代那样旺盛，记忆力衰退，读书看后边忘了前边；理解能力减弱，与记忆力衰退相联系，往往不能思考系统性的问题。至于知识基础较差的老年人，学习的困难就更大了。据说春秋时晋平公问大音乐家师旷，我已经七十岁了，想学习，是不是太晚了，我是学还是不学呢？师旷回答说："少年时学习，如同日出时的光亮、二十岁学习，像中午的阳光、老年学习类似于烛光，虽然没有日光明亮，但总比漆黑的夜晚好吧。"意思是说，老年时学习不如青少年时代，但比不学习要强得多。晋平公听了，称赞师旷说得有理。在古代，许多老人克服了思想障碍，到了晚年还读书不止。

向朗(？—公元 247 年)，早年丧父，由两个哥哥把他抚养大。他少年时涉猎文学，但没有下过苦功。向朗成年后在刘备蜀汉政权里做巴西太守，后主刘禅时代，曾出任丞相长史。丞相诸葛亮领兵出征，他留在后方主持政事，有时也跟随诸葛亮到汉中。在公元 228 年向朗因罪免职，以后又出任光禄卿。他自被免丞相长史职起，到死时的二十年中，潜心阅读，孜孜不倦，即使年岁已经超过八十，还能校订书籍中的谬误。搜集图书，在蜀汉数他最多。有人向他求教，他热心讲解，予以鼓励，得到达官贵人和青少年的尊敬。八十衰翁勤学，向朗是一个代表。

汉魏之际的贾逵，河东襄陵人，童年死了父亲，由祖父贾习抚养。贾逵喜欢与伙伴玩打仗的游戏。贾习认为他将来可以当将军，教他念兵法书，多达几万言，使他不仅学习了军事上的战略战术，出仕后还能把它利用到政治方面。曹操任命他为弘农太守，认为他是难得的地方长官，说如果郡太守们都能像贾逵，我还有什么忧愁！曹操死在洛阳，儿子们不在身边，军中骚乱。众官怕各地也发生叛乱，建议不宣布曹操的死讯，等到邺城政治稳定了再公布。时为谏议大夫、负责主持丧事的贾逵认为，不但不能秘不发丧，还要把各路军政长官请到洛阳来参加治丧活动，表示对他们的信任，也使他们能够表达对曹操的忠心。后来还是按他的主意办了。百官来到洛隅向曹操遗体告别之后，便不许自由行动，以免造反。但是青州军擅自离开了。有人主张去制止，贾逵怕激成变乱，不但不发兵征讨，还命令沿途借给他们粮食，终于无事。曹操嗣子曹丕没有到洛阳，另一儿子鄢陵侯曹彰从长安赶来询问先王的印玺在哪里。贾逵严肃地对他说："太子在邺城，是国家的储君，只有他能过问先王的玺绶，你不应当询问。"贾逵没有把印玺交给曹彰，避免了曹操的儿子们争夺王位的事件，随后把曹操的灵柩送回邺城。曹操丧事的妥善办理，充分表现了贾逵的政治才能。贾逵后来晋升豫州刺使。贾逵的成功，不光仰仗其祖父教他的兵书底子，后天的学习也是至关重要的。他的学习有两大特点，第一是学以致用，他不像一般的学者，涉猎面广，要求深透，他看书只要明了主旨，哪些在实践中是用得上的，他就给予更大的注意，努力掌握它。第二是终身学习，在处理政事的同时不忘读书，而且有明确的进程。他最好阅读《春秋左传》，在担任太守、刺史时，每月重温一遍，每读必有新的收获。晚年持之以恒的学习，使他处理政事游刃有余。

沈驎士(公元419—503年),幼时家贫,一边织帘谋生,一边读书。他常常是手干活,口念书,没有停息,成年后到建康借书阅读,不愿出仕,农耕采药的同时,阅读书籍,教授学生。他为人道德高尚,七十岁时,有人推荐他做太学博士、太子舍人,他都拒绝了,唯有读书,从不间断。八十岁时,家中失火,书被烧了几千卷,他非常痛心。为弥补损失,他自己抄书,白天、晚上不停手,亏他的眼睛还好,居然抄写出两三千卷。他自己还著有《庄子内篇训》,又为《周易》《礼记》《春秋》《老子要略》《丧服》等书作注数十卷。

王筠(公元482—550年),在南朝梁官秘书监、度支尚书、临海太守、司徒左长史。士族琅玡王氏出身,自幼读书,七岁能写文章,十六岁作《芍药赋》,词美动人。当时文坛领袖、尚书令沈约欣赏他的文章,认为自己不如他。《昭明文选》的主编昭明太子爱重王筠的才学,异于其他学士。王筠享年六十九岁,任职之暇,都用在读书、抄书、著书上了。他从小养成读书的习惯,一面读,一面抄,一面写读书笔记,就是偶尔翻阅的书,也做笔录。他为把书读懂,反复品味,阅读一遍、两遍以至几十遍。读的书多,遍数多,体会得就越深刻,也更增加了阅读的兴趣。他晚年回忆,自十三岁开始计算,到五十八岁时,属于少年时学习的《五经》读了七八十遍。因为喜爱《左氏春秋》,反复吟诵和讲述,连续抄写了五遍。《周易》《仪礼》《国语》《尔雅》《山海经》《本草》

《论语》《孟子》等书都抄了两遍，子部和史部中的一些书也都抄了一遍。他不只是抄书匠，还把自己的学术研究和对社会的观察撰写成书，以写作时所担任的官职为作品命名，有《洗马集》《中书集》《中庶子集》《吏部集》《左佐集》《临海集》《太府集》，每集十卷，《尚书集》三十卷，共计一百卷。王筠还以家史要求子孙努力学习，维持家业。他说，著《南齐书》的沈约是史学专家，沈约对他讲，纵观历史，虽然有一些家族很兴盛，但只有琅玡王氏在几百年之内代代高官贵爵，世世出文人学士，其他家族不能与王氏相比。王筠以此教育子孙人人发愤，他自己也是这样做的。

李东阳(公元1447—1516年)，读书很早，四岁能写一尺大的字。明景帝听说了，叫他到宫里当面看着他写，并把他抱在膝上，给他果子吃。以后又两次召他进宫，听他讲解《尚书》的大意。景帝认为他讲的不错，让他到国子监读书。早学苦学的李东阳，十八岁考中进士，被选为庶吉士。又进行了三年的学习——相当于现在硕士生毕业，留在翰林院当编修，后来步步提升，历官侍讲学士、礼部尚书、文渊大学士，在内阁主管敕、诰文书的写作。他先后参加或主持了《宪宗实录》《通鉴纂要》等书的编著，其著述文字典雅，笔法流畅。他自撰的书主要有《怀麓堂诗稿》二十卷，《诗后稿》十卷，《文稿》《后稿》各三十卷，《诗文续稿》十卷，《西涯拟古乐府》三卷。在自幼练成的书法中，李东阳的篆书、隶书写得最好，被人刻印成书，流传国内各地和四周邻国。他为官清廉，不收贿赂，连一般馈赠也不要。门生福建兴化太守进京朝见，顺带送他佩巾两条，扇子四柄。他说扇子可以用作写字，收下了，佩巾没有用，拒绝收纳。他生活并不富裕，冬天不生火炉，工作时找有太阳的地方坐，太阳移动，他也跟着移动位置。就是这样俭省，也还不够开支，因此他经常给人家写篆字，写诗文，得些润笔钱以补贴家用。他六十六岁致仕，七十岁亡故，这期间找他写作的人踢破门坎。他的夫人是个贤内助，每当李东阳写字时，她便帮着研墨、铺纸。有一次，夫人已做好准备工作，东阳疲倦了，不想写。夫人笑着说，如果今天有客人来，要不要买鱼肉招待？意思是说不写字，就没有钱招待客人。经过夫人这么一说李东阳劲头上来了，高兴地写起来。李东阳一生学习、写作，没有休息的时候，以愉快的心情，克服了老年学习的苦处。

徐元梦(公元 1655—1741 年)，清满洲正白旗人，享年八十六岁。临终前一天，卧床不起的他，叫曾孙递给他《论语》，看了好久，才放手，第二天他便告别了人世。他十九岁中进士，一生担任学官。三十岁起给康熙帝的儿子当老师，六十多岁教授雍正帝的儿子，八十岁充任乾隆帝儿子的教师。一个人给三朝皇子当老师，跨度四十年，在历史上大概也是罕见的。徐元梦从二十九岁起做中允以来，出任的多是从事文字教学工作或与这类工作有关的官职，如侍讲、侍读学士、内阁学士、礼部侍郎、经筵讲官、翰林院掌院学士等。他还参加《明史》《清世宗实录》《八旗满洲氏族通谱》《三礼义疏》等书的编写，并充任总裁、副总裁的职务。康熙帝三皇子胤祉主持蒙养斋馆，兴修我国第二部大类书《古今图书集成》和《律历渊源》，聘请学者陈梦雷、方苞等人，徐氏亦被邀请参加。徐氏精通满文和汉文，长期担任皇帝诏谕等重要文书的翻译工作。康熙帝在1711年说，徐元梦的满文汉文翻译，没有一个人能超过他。徐元梦一生读书刻苦，还能不耻下问，经常与他人进行学术讨论。他在蒙养斋馆研究经学，常与方苞交谈心得。方苞是桐城派古文的鼻祖，与徐氏交谈时有时不注意方式，显得傲气。旁边的人看不过去，责备方苞没有礼貌，对待徐氏这样德高望重的饱学之士，像是教育学生。方苞说徐氏是真心探讨学问，我是诚心实意地说明，忽视了说话方式，不要紧。的确如此，徐氏为钻研学术，根本不计较这些琐事。徐氏虽然在学问上有一定造诣，但在政治上，生活上却备受折磨。他曾被抄过家，做过皇家奴仆，但他能自强不息，享高龄，得善终，这是他砥砺精神的胜利。

王筠、李东阳等人不因年老而怠懈，不因功成名就而却步不前，原因是他们把读书当作一件快乐的事情，所以读起来不知疲倦。汉代人桓谭在他的《新论》中说，有一个叫高君孟的老人，是衙门中的小吏，懂得律令，常常伏案抄书。有个同事可怜他年老，写字困难，要代他抄写，他却不同意，说我自己抄一遍，如同读了十遍。求知的欲望激发他抄写不辍。其实抄写文件，增长知识，是他的最大乐趣。青年人要理解老年人的学习精神，帮助他们创造学习的条件。

当代作家孙犁在《庚午文学杂记》一文中写道："读书，也是少年、青年时，效果最好，能够终身享用。有些人因为成名早，忙着去写作，等到觉悟到自己的文化不够用，已经进入中年，再去补课，收益就小了。但觉悟到这一点，总比一直不觉悟，把作品不受欢迎的原因，完全推到外界的人好一些。"他提倡读书要在青少年时期进行，同时认为中年以后的补课也是很重要的。这几句话文字不多，道理却深刻。青少年记忆力最强，人事单纯，又最能专心致学，那时读熟了的文章，就像印在脑子里，想到用时，就能脱口而出。即使年久遗忘了，稍一温习，就能恢复，绝不同于中老年时，学了易忘，需要反复学习。孙犁说青少年读的书，"能够终身享受"，一点儿也不假。我们介绍的夜读的古人，贫困中学习的古人，勤勉治学的古人，他们在童稚年岁就开始了刻苦学习，青年时期读书的自觉性更强。他们掌握了大量的知识，以后无论是从事政治活动，做教书先生，还是进行学术研究、文学创作，都能得心应手，如若中年时期再继续学习，必然会成绩蜚然，成为历史上的名人。因此，强调青少年学习，绝不意味着忽视壮年、老年时期的读书。孙犁在上述文章中还说："大器晚成这句话，是有道理的。"少年成才的百折不挠励志苦行。

百折不挠　励志苦行

“万事如意”是人们用以表达良好愿望的祝词，但实现它，并不那么容易。人生在世一帆风顺、终生得意的，总是少数。或者少年得志，老年困顿以终；或者屡踬屡起；甚或终身受挫，含恨以没。有着知足常乐人生观的人，苦恼也少。但是这种人对自己要求也不高，得过且过，不求有功，但求无过，这是杰出人物所鄙薄的人生道路。

唐人陆贽(公元754—805年)的《翰苑集》问世以来，引起上自帝王下至学子的普遍注意。司马光、苏轼、年羹尧等名臣都对它投注极大的兴趣。陆贽人虽故世，其影响则长期存在。他的文章的形成，是他人生艰苦历程的记录。陆贽幼年丧父，他发奋苦学，十八岁中进士，出任华州郑县县尉，不久被罢官。这是他在官场上第一次遭受打击。其后任翰林学士，时逢泾原节度使朱泚叛乱，进攻长安，称汉帝，历时半年，许多官员都归降他。唐德宗逃亡到奉天，陆贽追随德宗，建议德宗承担责任，在被采纳后，陆贽在代德宗起草的众多诏书中使德宗痛责自己，感动了骄兵悍卒，血战沙场，消灭了朱泚集团，陆贽立了大功。可是德宗是个愚蠢的皇帝，用苏轼在《辩奸论》里说的话是“鄙暗”之人。他不喜欢陆贽的正直，相信佞臣卢杞等人。宰相窦参也嫉妒陆贽的才能，当陆贽指责窦参贪赃时，遭到压抑，陆贽只好蹭顿官场。窦参被德宗治罪之后，陆贽出任宰相。但德宗宠信户部侍郎裴延龄。百官看出裴的奸诈，但不敢揭发，只有陆贽屡次在德宗面前直陈裴的罪行。德宗不听，反而听信裴诬陷陆贽的话，罢了陆氏的宰相职务，降为太子宾客，但陆贽依旧关心国事。罢相的第二年春天，大旱，边防军缺乏粮草。陆贽上书发表议论，裴延龄竟然给陆氏扣上动摇军心的罪名，激起德宗的恼怒，要杀陆贽。幸亏御史阳城等的救援，陆贽才免于一死，被贬到忠州做别驾，这时他才四十二岁。剑南节度使韦皋愿意把自己的职位让给陆贽，可是德宗不答应。陆贽担心再被陷害，不再与官员交往，也不再著书议论政事，于是潜心研究学问。他大量搜集医书，为治疗瘟疫，编成《陆氏集验方》五十卷，当时人十分相信它，用它治病。及至唐顺宗即位，下诏书征召陆贽还朝重用，但诏书还没到忠州，陆氏便去世了，时年五十二岁。陆贽被贬斥十年，断送了政治生命，只有他的政论文章留给了后人。

所谓“文起八代之衰”的韩愈(公元 768—824 年)，字退之，与陆贽一样，幼小没有父亲，由受贬到岭南做官的堂兄养育，不久堂兄又死了。痛苦的经历使他很早就懂得读书的道理，不用人督促，便勤奋学习，中进士，任监察御史。他曾上书详细陈述唐德宗宫中的弊政，顺宗护短，反而惩办韩氏，把他贬斥为连州阳山县令、江陵掾曹。唐宪宗继位又把他召回京城，出任职方员外郎，后又因为他对华阴令柳涧事件了解情况不全，被贬为国子博士。这时韩愈的生活困苦，到了冬天，孩子没有棉衣，又不能生火，号哭叫冷。妻子也因为米不够吃，钱不够花，经常哭哭啼啼。韩愈自己也头发脱落，牙齿掉了不少。在这种环境下，他坚持教育学生，写出《进学解》，表示不以失意和贫穷为念。宰相看了文章，同情他，推荐他出任比部郎中、中书舍人。忌恨他的人又提出新问题，原来韩愈被贬江陵时，得到荆南节度使裴均的照顾，裴均的儿子裴锷为人鄙劣，韩氏和他有来往，给他写文章，有人就此说韩氏行为不检点，被改任太子右庶子。宰相裴度平定蔡州吴元济叛乱时，请韩氏为行军司马。胜利后韩氏撰写《平淮西碑》，被认为是吹捧裴度的文字，后来碑石被打破。元和十四年(公元 819 年)，唐宪宗把凤翔法门寺佛骨迎到长安宫中瞻仰三天，又送到佛寺供奉，引起京中贵族、百官以及市民的敬佛狂热。有人卖家产献给佛寺，有人燃烧头顶和手指、手臂供佛，生产停止了，浪费巨大。韩愈为扼制这股风潮，上书宪宗，表示反对。他说，自东汉明帝奉佛以来，凡信佛的王朝都不长久，是“事佛求福，乃更得祸”，。这番言论激起宪宗盛怒，认为韩愈是在诅咒唐朝要灭亡，要把他处以极刑。宰相裴度等竭力援救，连皇亲国戚都认为处死刑太重了。宪宗众情难违，遂把韩氏贬斥为潮州刺史，韩愈不敢停留，听到命令的当天便起程，到任时立即上表谢恩。宪宗有召回他起用的意思，但幸臣皇甫鎛忌讳韩氏直言，从中阻挠，于是将韩氏稍内部移动，命为袁州刺史，后内调为京兆尹、御史大夫，这是他在官场最得意的时候。但御史中丞李绅与他闹纠纷，他很快又被改任吏部侍郎，不久亡故。韩愈身后，享有盛名，被尊为文章泰斗，和在世时的坎坷不能相提并论。他生前在经受磨砺、艰难困苦的时刻，不忘研究学问，写作文章。他的业绩和雄文理应受到后世的尊敬，可见百折不挠，必有收效。

吴承恩小说《西游记》，使得唐僧西天取经的故事家喻户晓。去西安大雁塔参观的人，多留恋在唐太宗亲书的《大唐三藏圣教序》面前，敬仰唐僧“乘危远迈，杖策孤征”的艰苦卓绝精神。唐僧(公元602—664年)，俗名陈祎，法名玄奘，通称三藏法师、唐三藏，唐僧是他的俗称。玄奘出生在读书人家，幼年受父亲教导，学习经书，对儒学略知一二。十三岁(或云十一岁)在洛阳净土寺出家当和尚。时值隋末农民战争，中原是战场。他避难西入长安，为求师学习佛法，经汉川到达成都。玄奘学习几年后，不满足，又出川到荆州，北上相州，至赵州，返回长安。这时唐朝初建，社会还不稳定。玄奘东西南北地奔波，相当辛苦，表现出不畏艰险的精神，为他日后不畏艰辛去印度取经意志的磨炼，打下了良好的基础。他四处学佛法，感到各家对佛教宗旨，或者说得不明不白，或者说法不一。他想寻根究底，就想到佛教的发源地去拜访明师，寻求经典，于是决心取道西域到印度求学。贞观三年(公元 629 年)他从长安出发，经过兰州到达凉州。当时唐朝国力尚不强大，与西北突厥人正有争斗，禁止人民私自出关。凉州都督李大亮听说玄奘要西行，强令他返回长安。当地慧威法师敬重玄奘宏愿，令小徒弟慧琳、道整二人秘密送玄奘前进。他们怕白天被官兵捕捉，便夜晚行路。到达瓜州时，所骑的马又倒毙了。这时李大亮捉拿玄奘的公文到达，州吏李昌认为玄奘的志愿是罕见的，不应扣留他，就把公文毁掉，催促玄奘赶快起程。玄奘买得一匹去过伊吾(哈密)十五趟的老瘦赤马，由新收徒弟石槃陀陪同，于夜间上路。慧琳、道整二人不堪远行，遂回凉州。如此艰难的行进使玄奘进一步下定了西行的决心——不到印度，终不东归，纵然死于半路，也绝不悔恨。半夜，他们偷渡玉门关成功。刚事休息，只见石槃陀持刀向他走来，石表示再走是死路一条，不愿同行，玄奘只好任他离去，孤身一人前进。在大沙漠上，看不到行人，黄沙之外，见到人、兽的骨骸、粪便，便知这是生灵的行迹。玄奘行进到玉门关外的第一个哨口，等到夜间偷渡，还是被守卫发现，差点儿被箭射中。校尉王详同情他，因他不愿东返，劝他到敦煌修行，玄奘还是表示宁可受刑，也不停留。王详只得让他过了哨卡，并告诉他径往第四哨口，那里有他的族人，可以放行。玄奘依言出发，过了第四哨卡，再前进是八百里的莫贺延碛，古代叫做沙河，是《大慈恩寺三藏法师传》一书所谓“上无飞鸟，下无走兽，复无水草”的地方。玄奘只身行走，默念《般若心经》，鼓励自己。走了一百多里地，迷失了道路，见到水，牵马饮水，不小心把袋子掉到水里，路上用的东西都失落了，又不知道向哪里走，于是只得回返。他边走边想，先前发过誓，不到印度不回头，今天怎么了，竟然往回走了？又想，宁可朝西走着死了，也不应该回去。想到这里，劲头来了，便改变方向，继续西进。今天说起玄奘继续西行很轻松，可当日他在路程上，白天黄沙飞扬，如同下雨，晚上看见人兽骨骸发出的磷火，闪闪烁烁，阴森可怕。最严重的是走了五个白天，四个夜晚，还没有见到水，干渴难以忍受。到第五个夜间，玄奘没有一点儿力气了，便躺倒在沙上。半夜忽然刮起风来，令人清醒，他立即爬起上路了。半路上马忽然不按路行走，拉也拉不动，原来它发现了水草。人畜饮饱吃足，休息了一天，然后又出发。之后他又走了两天，出了流沙，到达伊吾，随后到高昌。可以说这是玄奘取经迈出了决定性胜利的第一步。经过这番磨炼，玄奘西行的意志更加坚定了。高昌王热情款待了玄奘，崇拜他，希望他留下传播佛教，玄奘以目的是往印度取经作词谢绝。高昌王挽留再三，玄奘还是不同意留下。国王以为用扣留的方式可以使玄奘屈服。玄奘用绝食来回答，三天滴水不沾。国王深为他的精神所感动，遂放他西行，还给他剃度四个徒弟、三十匹马、二十五个伕役，并写了二十四封公文，给玄奘将要经过的各个地区的行政首脑，请求关照。高昌王的礼遇，是玄奘以前没有经历过的，此后上路，在物质条件上，比前一段路程好多了，玄奘到屈支国，因大雪封路，停留了两个月。走到葱岭北边的凌山，终年不化的冰雪，使玄奘一行行走艰难，晚上只能卧在冰上休息。这样又经过七天才走下山，同伴死了三四成，牛马死亡更多。到了康国，由于居民不信佛教，要用火焚烧玄奘的两个小徒弟，幸而国王禁止，玄奘等才平安通过。到缚喝国，玄奘留住一个多月，学习佛教经书。以后他不顾旅途疲劳，多次在一些地方停顿读经，并同当地佛学大师辩难。玄奘有时遇到强盗，衣服资财全被掠夺，同行者悲哀哭泣，他劝慰众人说，人生最宝贵的是生命，生命保住了，损失的衣物算什么，鼓励徒众，继续前进。一次，在殑伽河(即恒河)，强盗认为玄奘体貌魁伟，适合祭祀突伽天神，便把他绑上祭坛，即将行凶。玄奘毫不畏惧，镇静地默念佛经。谁知这时狂风骤起，吹断树枝，暴徒以为老天责怪他们作孽，慌忙向玄奘表示歉意，他这才躲过一场灾难。一道道难关过后，玄奘走遍印度各地，学习和搜集了佛学经典，出席了戒日王主办的全印度佛旨辩论大会，玄奘为论坛主人。由于他高深的佛学造诣和威望，会上竟没有人敢向他发难；事后有人想暗杀他，但阴谋没有得逞。玄奘求学的目的达到了，便带着佛经取道回国。在渡信度河时，遇到风浪，五十卷经书落水，玄奘痛惜万分，便设法弥补。他派人到乌长那国补抄，到了于阗，又派人去屈支、疏勒等地方访寻经书，并在那里等候求书人的到来。贞观十九年(公元 649 年)，经历了十七个春秋，玄奘携带梵文经书六百五十七部回到长安。他随后在弘福寺、慈恩寺翻译佛经，译书七十五部，一千三百三十五卷，并著有《大唐西域记》，成为中国历史上杰出的佛学家、翻译家、旅行家。玄奘印度取经所经历的千辛万苦，使他成为坚韧不拔精神的典范。

和玄奘到印度取经不同，鉴真(公元 688—763 年)则是去日本弘扬佛学。鉴真俗姓淳于，唐扬州江阳(今江苏扬州)人。十四岁出家，二十岁到洛阳游学，二十二岁在长安接受大戒(具足戒)。学成之后，回到故乡大明寺，传授徒弟，专门研究戒律，成为律宗大师，是淮南江左的第一位权威。同时他知识面广，对医药、建筑、艺术也有研究。日本留学僧荣睿、普照在长安看到唐朝僧人举行受戒仪式，才是真正入了佛门，并有讲授佛学的资格，而日本没有传戒人，便打算请唐朝高僧去日本传授戒法。天宝元年(公元 742 年)，他们在扬州向鉴真提出请求。鉴真认为到日本兴隆佛法是好事，就问弟子谁愿去。众人以为涉足茫茫大海，有去无还，全都不敢应承。鉴真说，为了传授佛法的大事，哪里顾得到生命，你们不去，我一个人去。弟子祥彦、思托、道航、如海等二十一人在师父策励下表示愿意随行，当即打造船只，准备起身。但是弟子如海于次年到官府诬告,说鉴真他们勾结台州、明州洋面的海盗。官府逮捕日本僧人和道航,没收船只、干粮,鉴真第一次东渡还没成行,就遭到破坏。睿荣等还求鉴真东行,但是缺少办法。鉴真告诉他们不要发愁,另想主意。他出钱向岭南道廉访使购买了一条军船,于天宝二年(公元743年)十二月登船启航。到了长江口,正遇上大风,船被击破,众人都往岸上跑。偏偏这时正赶上涨潮。已经五十六岁的鉴真,为了避开齐腰深的海水,不得不站在草上,忍受着寒风和海水的侵袭。一个月后船修好了,再次出发。到浙江海面,船触礁沉没,淡水和大米全没有了。鉴真和众人饿了三天,后被人发现,又被官府安置到明州鄮县阿育王寺。鉴真以此为基地,应邀到附近州县讲解律学和授戒,并和睿荣、祥彦等人研究继续东渡的办法,又被越州僧侣诬告,睿荣再次被捕。这样,鉴真还没有成型的计划,又告流产。但很快,鉴真想出了一个办法。他先派人到福州置办船只,预备从那里启航。公元744年冬,鉴真道经台州,走山路,大雪纷飞,跋涉没膝的涧水,寒苦难当。正在这时,唐朝政府却派人逮捕鉴真一行。原来鉴真留在大明寺的弟子灵祐等人,以为师父东渡未成,已历尽艰辛,即使渡海也生死莫测,便告到官府,希望以官府的力量阻止鉴真东渡。官府将鉴真押送回扬州。鉴真没有放弃心愿,经过精心准备,公元748年他从扬州再次上船出发。一行人到了浙江海面,遇到风浪,被冲向南航行。船上淡水已经用完了，鉴真等人就嚼大米充饥。由于口干舌燥，米粉咽不下去，吐又吐不出来，便喝海水，导致大家肚子胀，呕吐，身体痛苦，难以忍受。后来船漂到海南岛洋面，鉴真等人只好上岸。睿荣、祥彦病死，普照辞别鉴真，往明州阿育王寺。鉴真对他说，为传授戒律，我决心东渡，不到日本，绝不甘心。鉴真经历五次打击，毫不灰心。可是这时他受不了岭南的炎热，眼睛失明，遂取道江西回到扬州。鉴真的五次出行，是应日本僧侣的邀请，到公元753年日本遣唐使藤原清河等人到扬州，代表政府礼请鉴真。年已六十六岁且双目失明的鉴真，为实现宿愿，欣然同意。可是扬州僧俗不愿高僧出国，加以阻拦。鉴真秘密乘船到达黄泗浦(今江苏沙洲市鹿苑镇)，在江边为二十四个沙弥授戒。然后乘坐日本遣唐使的船只启航。随行的有和尚、尼姑、道士等二十四人，携带佛教经卷四十八部，王羲之行书帖等杂体书五十帖，于年底到达日本。在日本，鉴真传播佛学，开坊授戒，在奈良建唐招提寺。由于他的活动日本延承了唐代的律宗学派，并使日本佛教有了正规戒律的规范，推动了信徒对佛学经典的学习。鉴真还把中国的建筑学、医药学、雕塑及书法艺术传播到日本。他著有《鉴真上人秘方》，为日本人所接受。他对日本文化的贡献，远远超出佛教的范围。鉴真在老年阶段，历时十二年，经过六次渡海的尝试，方告成功。被逮捕押解的痛苦和耻辱，徒弟、友人不理解的告密给他带来的精神折磨，海上惊涛骇浪和断水断粮的皮肉痛苦，跋山涉水的辛劳，双目失明的苦恼，这常人难以想象的磨难，他都以毫不气馁的精神挺过来了。

玄奘、鉴真的事迹都发生在唐朝前期。玄奘西游是为吸收外国文化，鉴真东渡则是传播中华文化(已经汉化了的佛教文化和其他中华文明)，他们的行为固然是他们砥砺精神的体现，同时也表明唐代前期处于强盛时代，对外采取积极政策，才使唐人进行中外文化交流得以实现。

“大江东去，浪淘尽，千古风流人物。”如此豪迈雄浑的词句，出自苏轼(公元1037—1101年)的手笔。苏轼，号东坡居士，北宋眉山(今属四川)人。他是文学家、书画家，今人又送给他美食家的雅称，可是他在政治上始终不得意。东坡幼时由母亲程氏教书读，当念到《后汉书·范滂传》时，他问母亲，若学范滂，可不可以。原来范滂是东汉第二次党锢事件中被宦官集团迫害致死的人，他被捕前与母亲告别，母子互相鼓励，遂英勇就义。苏轼要学范滂，可知他自幼志向不凡。东坡学业勤苦，重要文献，反复阅读。他把书中的内容分为治道、人物、地理、官制、兵法、货财等几个方面，每念一遍以一方面的内容为主，几遍下来，全面贯通了。这就是他苦读的方法，没有韧性是做不到的。东坡出仕不久，出任签书风朔府判官。知府陈希亮因苏东坡名声高，故意慢待他。东坡有事求见，他不接待，府吏尊称东坡为“苏贤良”，陈知府说是府里判官，不是什么贤良，将府吏痛打一顿，以侮辱东坡。东坡按捺胸中怒火，作诗表白他的处境："虽无性命忧，且复忍斯须。"宋英宗想重用东坡掌管文翰。宰相韩琦认为东坡资历不够，不能大用，东坡遂被任命为史官。王安石变法时，司马光反对新法，苏轼则站在两者之间，反对王氏募役法，又不赞成司马氏的差役法，因此首先得罪了王氏。他又说宋神宗"求治太急，听言太广，进人太锐(任用新人太快)"，引起神宗的不痛快，因此不能在中央立脚，后出任杭州通判，数次迁移，改官湖州知府。东坡因不满新法，不免作诗讽喻，在写《桧》诗里有句："根到九泉无曲直，世间唯有蛰龙知。"有人拿这首诗陷害他，对神宗曲解诗意地说："陛下龙飞在天，苏轼以为不了解他，只有求救于在地下的蛰龙，这不就是怨恨皇帝吗！"这是反对君主的杀头罪名，神宗决定逮捕他。差官到了湖州，不许苏轼与家属告别，如赶鸡狗一样押解上路，目击者无不泪如雨下。东坡知道有被处死的可能，便写了两首绝命诗请求监狱看守保存，若他遇害则请看守交给弟弟苏辙，以求人们了解他的行事、为人，否则死不瞑目。曲解《桧》诗既为诬陷，宋朝政府终因找不到材料，把他流放到黄州。他亲自种田、放牛、抄写《金刚经》，自号"居士"，愤恨于世事的不平。宋哲宗继位，起用东坡为起居舍人、翰林承旨，可他又被谗言中伤，改任颍州知府。及至哲宗打起尊崇神宗朝变法精神旗号，又有人控告东坡，说他在翰林任上所撰拟的文书，讥讽神宗朝政，于是东坡又被贬斥到广东惠州，三年后再次贬到琼州，只有小儿子苏过陪伴他过着孤寂的生活。东坡终生不如意，他曾经对别人说："我平生没有快意的事情，只有作文章，我想到哪儿，就能用文字表现出来，这就是人世间的最大乐事。"的确，他留下的《东坡集》是我国文学史上的重要遗产。东坡为人，认真理，不趋炎附势，在王安石、司马光两方面都不讨好，还是我行我素，正直敢言，实践幼年学习范滂的志愿，他付出的代价，只有具有坚韧不拔的精神的人才能承受。

《明史》称赞王恕(公元 1416—1508 年)，"砥砺风节"，"具经国之远猷，蕴畜君之正志"。王恕和陆贽、苏轼等相同，有忠君报国之志，他性情爽直，遇有不合理的事情，总要仗义直言，不怕打击陷害，砥节砺行，敢同贪官污吏作斗争，是明朝历史上不多见的人物。成化十二年(公元 1476 年)，王恕以右都御史身份巡抚云南。当时云南镇守太监钱能贪赃枉法，派遣指挥郭景到安南(今越南国)索取财贿。王氏得知钱能、郭景贪婪事实，很可能引起边界纠纷，因此一面参劾钱能，一面派人捕捉郭景。郭景畏罪自杀，钱能请求权贵帮助，反而把王氏调离云南，到南京管理都察院。王恕到任，考选属官，拒绝请托，引起同僚的不满。钱能回到北京，向明宪宗进谗言，诋毁王氏，宪宗本来就不高兴王氏讲真话，于是让他以右副都御史身份巡抚南直隶，等于降了一级。宪宗派太监王敬到江南搜刮民财，引起生员不满，王敬反而诬告生员抗拒王命。王恕上书揭发王敬罪行。王恕后改任南京兵部尚书。遇到朝中大事，王恕总要发表意见，主动上书三十九次，应皇帝的诏书上言二十一次。在这些意见书中多是指斥权幸的。宪宗庇护亲信小人，对王氏越来越不满，在1486年命他致仕回乡，等于把他撤职，引起正直朝臣的抗议。工部主事王纯上言，把王恕比作西汉名臣汲黯。宪宗大怒，指责王纯，把他流放到贵州思南。明孝宗继位，征召王恕到南京出任吏部尚书。大学士刘吉曾屡次受人弹劾，这些奏章中多称赞王恕，因而刘吉对王恕嫉妒，不允许王氏行使职权。王恕还是老脾气，对孝宗重用中官，上书反对；对孝宗给宗室徽王朱见沛庄田，也提出不同意见。正直朝臣要求王氏出任大学士，不欣赏王氏的孝宗自然不会答应。明朝实行南、北两京制度，南京是陪都，在那里做官，是被处在闲曹地位，没有什么实际事务。所以王恕虽为都御史、尚书的高官，在南京却无事务可处理，在北京则受大学士压制，无法施展才能。王恕在公元1486年致仕返乡后曾请人作过传记，并刊刻送人。到弘治六年(公元1493年)，仇家诬告他在传里自比伊尹、周公，丑化明宪宗饰非拒谏。这个诽谤君主的罪名，王恕岂能担当得起，他赶紧辩论明白。但明孝宗还是责备王氏沽名钓誉，下令把他的传文印版销毁，王氏只得再次告退返乡。这时他已经七十多岁了，不事休养，用力搜阅典籍，编写著作，辑成《历代名臣谏议》一百二十卷，撰著《石渠意见》《石渠意见拾遗》

等书。王恕耄耋之年不知疲倦，砥砺终身，享年九十三岁，只有胸怀坦荡的人，不戚戚于名利，才能如此。当时民谣有“两京十二部，独有一王恕”。内阁下属吏户礼兵刑工六部，南北两京共为十二部，只有一个尚书王恕独立特行，为百官的楷模，这个颂扬，王恕当之无愧。

研究历史的人，大多知道《国榷》这部明代史的重要著作，这是谈迁(公元1593—1657年)以私人的力量写作的。初稿曾被小偷盗窃，他又发愤重写，谈氏的砥砺创著为人们所崇敬。谈迁是明清之际浙江海宁人，明末秀才，不乐于科举仕进，专心学习，研究古今治乱的规律，特别重视对明朝历史的研讨。他家贫寒，靠借书阅读。好在他生活在江浙文化之乡，借览虽然低声下气，倒也还有借处。他为了维持生活，追随官员，做个清客，受人白眼，有着寄人篱下的痛苦。谈迁对这些不以为意，肆力学问。他认为明朝各个皇帝的实录，作伪的地方太多，不能全作为根据，要多方面查阅资料，进行考核。天启元年(公元1621年)他开始写作，对明朝十五个皇帝的实录进行删削考订，增写大量史事。到明朝灭亡，崇祯朝没有实录，谈迁便广泛搜集当时的公告，摘录资料，采用编年体，于顺治二年(公元1645年)纂成明朝一代全史，取名《国榷》。时值明亡不久，许多人对总结明代的历史兴趣浓厚，如果做成书，会得到流传，受人尊重。可是有的人又不愿下功夫自己研究，只想盗窃他人的著作，猎取名誉。一天，小偷光顾谈迁家，谈氏家徒四壁，窃贼很容易就把全部书稿偷走了。这时谈迁已年过半百，一生心血，付诸东流，所受打击十分严重。但谈迁很快就从痛苦中摆脱出来，决心从头干起。他说，我的手还在，难道会束手不干？于是重新搜集资料，到嘉善钱氏家中借书使用，又写了一部。他还在公元1653年到首都，访问明朝遗民，对书稿做了补充，因此《国榷》一书用时三十多年，浸透了作者的血和泪。谈迁在贫穷之中，还写有《枣林集》《枣林杂俎》《史论》《北游录》《西游录》等书。他的同时代人，中国历史上有名的思想家黄宗羲在给他写的墓志铭中，盛赞他的史识和坚韧不拔的精神。

陆贽、韩愈、苏轼、王恕，为人正直，不苟营私利，和腐败现象作斗争，被罢官、流放、下狱，但是他们始终不肯与邪恶势力同流合污。他们屡遭打击，就是因为正直无私。正气和邪恶；君子和小人，确实是水火不能同炉，双方斗争不已。只有一身浩然正气、百折不挠的君子，才为后人所钦佩。

玄奘、鉴真等人在处理人际关系的同时，与恶劣环境作斗争。水草不生的沙漠，奇寒的冰山雪地，波涛汹涌的海洋，不要说在古代，就是科学发达的当代也难征服。但他们英勇无畏，不怕流血牺牲，在对自然界斗争中磨砺自身。他们的行为也说明了砥砺精神要贯穿在社会活动和改造自然等各个领域，方能有所成就。

忍辱负重　志向弥坚

《三国演义》里有吕布戏貂蝉的故事，貂蝉原是个歌女，她听了司徒王允的计，向董卓、吕布双方献身，目的是挑起董、吕反目，从而借吕布的手杀死篡权的董卓。历史上传说女子屈身事仇的故事，不仅一端，她们都甘心受辱，等待时机，报仇雪恨。韩信青年时甘受胯下之辱，不与淮阴市中的少年争雄，终成为兴立西汉的三杰之一。战国时聂政是勇气过人的人，因有老母及未出嫁的姐姐需要养活，便隐居在市井，以屠宰为业，做着“降志辱身”的事情。老母病终后，他应严仲子的请求刺杀韩国宰相侠累，后怕连累姐姐，自己破坏面容，剖腹自杀。他除了是侠士之外，又是经过一个时期动心忍性，而后取得功名的人。上述诸人，不论是历史上确有其人，还是小说中的人物，都有一个共同点，那就是经得起受侮辱的痛苦磨炼，屈身事人，甚至屈身事仇，自卑自贱，在一个时期里甘受世人的唾骂。但是他们心中有一个目标，不因受辱而变节，甚或为实现目标而以招来耻辱做掩护，或者不屈服于受侮辱损害的地位，为人生的理想而奋斗。这类人，忍辱负重，志向更加坚定，是砥砺精神的又一种表现。

京剧、秦腔中的《赵氏孤儿》(又名《八义图》《搜孤救孤》)是一个传统剧目，18世纪还曾被介绍到法国，受到启蒙主义者的重视。这个剧讲的是程婴救护小主人赵武的故事，情节基本上依据历史资料编写而成。《左传》《国语》《战国策》都讲到赵武的事，但事实有出入。春秋时期，赵朔是晋国大夫，娶晋成公的姐姐为夫人。晋景公三年(公元前597年)，晋国另一个大夫屠岸贾发兵攻杀赵朔，并将赵朔的兄长赵同、赵括等族人杀尽。这时赵朔夫人已怀有身孕，逃到晋景公宫中，届期生下男孩，就是赵武。屠岸贾为了斩草除根，闻讯到景公宫中搜查。赵朔夫人将婴儿藏在绔中。屠岸贾没有搜到，败兴而去。赵朔生前有两个门客——公孙杵臼和程婴。当赵朔遇难时，前者问后者为何不跟着主人一块儿死，程婴回答说："夫人有遗腹，若是生了男孩，我保他复仇；若是生女儿，我再死也不晚。"等到知道屠岸贾在宫中并未搜到婴儿之后，两人聚在一起商量，第一次瞒过去了，还会有第二次，怎么办呢？公孙氏问道："保护、辅佐孤儿，与立即就去死，两者哪一个难于做到？"程氏回答说："当然是死容易，救孤儿难。"公孙氏说："这样好吧，你干难事，我做容易的。"于是商议好一个欺骗屠岸贾的办法，依计而行。程婴把自己刚刚出生的儿子藏到山里装着告密说，给我千金，我就可以带路抓到孤儿。屠氏派人随程婴到山中捉拿赵氏孤儿。公孙氏见了他们故意大骂程氏是不讲义气的、卖主求荣的小人,要求来人只杀他本人而不要害死孩子,来人哪里肯听,把公孙氏和小孩都杀死了。事后程婴带着赵武,逃到山中躲藏起来。经过十五年的艰苦岁月,赵氏之案被平反,赵武被封为大夫。程婴帮助赵武,攻打屠氏,把屠氏一族人都杀了。赵武到了二十岁,行过冠礼,真正成人自立了,程婴认为他的使命已经结束,该实践与公孙氏的诺言了,便自杀身死。赵武成年后,担任晋国正卿,执掌政事,公元前546年与楚国屈建主持弭兵大会,成为历史上的名人。程婴抚养赵武的目的达到了。公孙氏为保护小主人而死,相对讲比较容易。而程氏苦熬十五年,背着卖主、卖友的包袱,被世人唾骂。人们不理解他,鄙视他,这是一;悲痛老主人家族的覆灭,此为二;第三是担心小主人的生存和教养,即既要保住其生命,又要培养他的智能;第四是每日躲躲藏藏,不得安定。这些都给他造成身心的沉重负担。但他深知保存赵武的重要,有了赵武就能延续赵氏一族,就能复仇光大。程氏救人之难,是一种美德,但他把己身依附于主人,为赏识自己的人付出一切,直至死亡,这种忠义行为有很大的局限性,是主从关系的产物。主从关系是等级关系,迷信、忠诚于它,即使做出大义凛然的事,在今天看来也是渺小的,不值得效法。

万宝常,知道他的人不多。20世纪50年代初期,郭沫若先生曾写过《隋代大音乐家万宝常》一文。万宝常生在南北朝后期的乱世，他的父亲万大通在南朝梁将军王琳手下做官。王琳率众投降北齐，万大通跟随到北方，这时万宝常只有几岁，便已尝到颠沛流离之苦。几年后，王琳在对南朝陈作战中兵败被杀，万大通大约失了依靠，密谋离开北方返回南朝，被北齐发觉，把他杀死。万宝常作为罪人家属，被罚为乐户。乐户是一种贱民，在官府中以音乐从事服务。这时万宝常不过十岁左右，可怜就做了官奴，被人看不起，也没有选择的自由。大约从这时起，他跟随善于作新曲、弹琵琶的中书侍郎祖珽学习音乐。他学习时专心致志，提高很快。一次他在饭桌上和人谈论音乐声调，因为没有乐器，就用饭碗盘碟当乐器，拿筷子敲击，区分出宫商角徵羽五音，和用丝竹乐器弹奏出来的音调一样。他曾制作玉磬，献给北齐皇帝。他的成就虽大，但依然是官奴。他的老师祖珽在北齐末年为宰相，也没能帮助他脱离贱籍。北齐被北周灭掉，北周又被隋朝取代，万氏依旧为乐户，但是他的音乐造诣很高，统治者在制定音乐制度的时候，又不得不征求他的意见。公元590年沛公郑译、太常卿牛弘、国子祭酒辛彦之、国子博士何妥等奉隋文帝的命令修订太乐，万宝常因地位卑下，不能参加这项他本应参与的工作。郑译、何妥以及太子洗马苏夔等人在音乐上属于不同派别，互相争论，谁也不服谁。有时他们也让万宝常发表看法，万宝常则有独到见解，不肯趋附于他们中的任何一派，因此他的意见也就不被重视。最后何妥的主张被不懂音乐的政治权威隋文帝采纳,又召见万宝常,询问他的意见。万氏不承奉皇帝,直率地说,这种音乐是亡国之音,陛下不应当听它,由此引起文帝的不愉快。在这次讨论中,万宝常著有《乐谱》六十四卷,提出八十四调、一百四十四律的音乐理论。当时搞音乐的人虽弄不懂,然而内心却非常佩服,认为万宝常是音乐之神,可是在表面上又不懂装懂,以维护自身官员的脸面,为表示鄙视万宝常,他们还奚落他。特别是苏夔,因为他父亲苏威是宰相,大家都跟着他指责万宝常。万宝常没有办法改变那些半吊子音乐家制定的乐曲,内心非常痛苦。每当听到演奏时,他便泪流满面。他认为音乐反映人的追求,现在的音乐是不健康的,是国家衰亡的征兆。可叹他以卑贱的身份,关心隋朝的命运,又有谁理睬他?他只有暗自哭泣,徒伤身体。他生活上十分窘困,没有儿子,身体又有病,妻子不同情他,还把他的一点财产偷跑了。史书没有记载偷的是什么财物,估计是琵琶之类的乐器。他没有亲人,连与他相依为命的心爱的乐器也丧失了,受到了沉重打击。他没有米做饭,又病又饿,也不愿意乞求别人帮助。他知道不久于人世了,便把《乐谱》拿出来,悲愤地说,它对我有什么用呢!随即把它投入火中烧掉。这是他的心血凝结之物,他的生命价值之所在,他竟忍心毁坏。郭沫若先生在他的文章中说万宝常焚书饿死的心理是:"这个丑恶的卑劣的世界既不能够根本推翻,就让自己的一切从这个世界上绝灭。”万宝常的死是个悲剧，但他的事业可歌可泣，他的追求可敬可佩。

唐朝女子谢小娥为替父亲和丈夫报仇雪恨，女扮男装，屈身佣工，事迹感人。谢小娥是江西豫章人，她的丈夫段居贞，安徽历阳人，是豪侠自负的青年。结婚一年多，丈夫便与岳父出门，沿江做生意，后遇到强盗，翁婿都被杀害。谢小娥听到这个不幸的消息，悲愤难忍，投江自杀，但被人救上岸。因为这样，她脚折断了，脑子受了伤。她穷得无法生活，边要饭，边流浪，边寻找仇人，来到了江宁。可能是日夜苦思冥想的关系，她梦到丈夫和父亲，好像他们告诉她谁是仇人。经过别人帮助分析，她怀疑凶手是申兰、申春兄弟，他们都是有名的大盗。谢氏为确定仇家，装扮成男人，与做工的人生活在一起，打听二申的住处。经过一年多的寻找，她知道申兰住在江州，她便来到申家，当佣工。她勤勤恳恳地干活，得到了申兰的信任，使她有机会看到丈夫、父亲的遗物，证实了申兰就是不共戴天的仇人。她想杀掉他，但以弱女子斗杀大盗，谈何容易！她知道不能蛮干，要等待机会。就这样苦等了两年。一天，申兰、申春和同伙聚餐喝得酩酊大醉，谢小娥便乘机杀了申兰，还招呼邻居，捉拿了申春，破获了一个大盗集团。平民杀人是有罪的，但官员中有人认为谢小娥的节烈风尚可嘉，应当上报皇帝表彰她。主官却认为擅自杀人，不能鼓励，可以不治她的罪，但不能表扬。谢小娥回到豫章家乡，人们敬重她，许多人向她求婚，她都拒绝了。她日夜怀念丈夫和父亲，看破红尘，出家当了尼姑。谢小娥为报父夫之仇，不惜牺牲，不怕乞讨，不怕做佣仆，在知道仇人以后，还要把满腔怒火压下来，强迫自己装出笑脸迷惑仇人。痛苦之状，可以想见。一个弱女子，失去了亲人，能忍辱报仇，显示出她的志气、毅力和智慧。

狱中砥砺　准备本领

人一旦被投入监牢，不论是罪有应得的，还是冤枉的，也不论是被判死刑或有期徒刑，都是人生一大挫折。因此身陷囹圄的人，思想必然发证变化，他们的思想动向归纳起来可分为三类：一是精神受打击过大，产生绝望情绪，因而自我摧残；二是安于命运，对未来失去信心，不去争取好的结果，过一天算一天；再一种是在凌辱、惩罚中，自励自强，充分利用在监狱中的时间，为出狱后做一番事业做准备。监狱是暴力机关，古代的监狱囚室狭小，阴暗潮湿，是狱吏禁卒施刑的处所，也是蚤蝇毒虫肆虐的地方。不管抱着什么样的人生态度，在这里都很难打发日子。而要在狱中干事的人，就要克服精神上的障碍，物质上的困难，要付出比生活在自由天地的人更多的代价。经受了这种磨炼的人，一旦走出囚笼，很可能成就大业。

西汉历史，讲到善于治理地方事务的官吏，首先就要提到黄霸。黄霸，汉宣帝初年任丞相长史。宣帝要歌颂汉武帝的功德，下诏书给他立庙制乐。长信少府夏侯胜不赞成，说武帝穷兵黩武，劳民伤财，不应当建立庙宇纪念他。朝廷认为他诋毁诏书，非议先帝，把他打入监牢。黄霸心里赞成夏侯胜的意见，没有揭发他，也被捕入狱，二人都被打入死牢。夏侯胜擅长经学，给皇太后讲过《尚书》，于是黄霸就要求夏侯胜给他讲授经书。夏侯氏说，我们是死囚犯，还讲什么学问，不愿教给他。黄氏说，孔子讲过，早上懂得了世间的道理，晚上死了也是个明白人。我虽然犯了死罪，也应当增加学问。他的这种求知精神和乐观态度感动了夏侯氏，于是便给他讲授《尚书》。二人在监狱中待了三年，后来因为地震大赦，黄氏和夏侯氏都被赦出狱。黄氏先任扬州刺史，改任颍川太守。他管理属吏严格，不叫他们扰民，还对他们的生活加以照顾，使属吏们感到温暖。他抚恤鳏寡孤独，奖励发展农业生产，得到百姓们的拥护，管区户口增殖，盗贼逃离境内，进而被誉为天下第一好太守。后来他被调到中央，出任丞相。

有一出戏叫《强项令》，主人公是东汉初年的洛阳令董宣。内容是讲湖阳公主家的奴仆仗势杀人，藏匿在公主府，董宣捉拿不到。一天公主出门，罪奴从行，董宣强迫公主停车，指责她包庇杀人犯，说着便把杀人的奴仆揪下车，当场打死。公主告到汉光武帝那里，光武帝要把董宣打死，董宣说："你是中兴的皇帝，应当讲道理，怎么能允许奴隶杀死良人？你要处死我，不用动手，我自己来。"他不承认有错误，不让皇帝用刑，故而表示要自杀。光武帝见他说得有理,便打消杀他的念头,但湖阳公主是他的姐姐,又不好驳她的面子,便叫董宣给公主叩头赔罪。董宣认为自己占理,不听光武帝的话。光武帝就叫卫士强迫他磕头,他用两手支在地上,宁死不低头。光武帝与公主无奈,只好让董宣离去,从此董宣得了个“强项令”的美名。董宣顶撞皇帝和公主,不怕杀头,这在他已经不是第一次,因为他经历过监禁的磨炼,从死神那里走过来,因此什么也不怕。那是他任北海相时,属吏五官掾公孙丹盖房子,听占卜的人说不吉利,就叫儿子杀了行路人,以驱逐邪气。董宣把公孙丹父子处死抵罪,公孙氏族亲三十余人吵闹不依。董宣因公孙氏过去依附王莽,怕出乱子,就把这三十多人都杀了。上司认为他滥杀无辜,把他逮捕送到中央监狱,判了死刑。董宣在狱中抓紧时间读书,连晚上也不放过。他情绪稳定,没有畏惧心理。到了执行死刑的那一天,有人给他送来辞世的酒饭,他说,我一生没有白吃过人家的东西,现在死了,就更不能吃了,表示重视自己的名声以及不怕死的勇气。董宣说完,踏上囚车奔赴刑场。这次受刑的有九个人,第一个已被砍头,第二个便轮到董宣。这时光武帝派人来宣布免除了他的死罪,但因为他杀人太多,把他降为县令,后来又升任江夏太守。然而,外戚阴氏族人担任郡都尉,董宣轻视他,遭到暗算,被免官。后来他又出任洛阳令,执法不阿权贵,发生了前述与湖阳公主的冲突。他七十四岁死在任上,家里只有大麦数斛,敞车一乘。因为没有钱安葬，尸首只盖着一床布被单，妻子只好对着遗体痛哭。董宣不仅执法严肃，还是一位清廉的官员。从董宣在狱中安心读书，从容上刑场的情形看，他砥节砺行到了高度自觉的境界。

南朝梁的吉翂，家住襄阳，十一岁母亲弃世，他还有几个弟弟。他父亲是县令，被奸吏诬告，送到金陵监狱。他父亲认为自己是清白的，无端受小吏审判，太可耻了，于是违心地承认自己有罪，被判了大辟的死刑。这时吉翂十五岁，当他知道父亲被冤枉了，便到了京城，祈请公卿帮助申冤。在求人的路上，他边走边哭，感动得行人无不落泪。当他知道父亲要被执行死刑时，就跑到衙门口捶击登闻鼓，要求代替父亲受刑，因而也被投入监狱。狱吏按照法令给他上了两面大枷。廷尉卿蔡法度可怜他年纪幼小，叫换上一面小枷，吉翂却不接受。他说，我是代父受刑，只有加重刑具，怎能减轻呢！表明他真心诚意代父受刑。梁武帝因他年少，怀疑他是受人指使，希图以实行孝道为名，侥幸免其父罪，便下令严加审讯。蔡法度遵命，在大堂上摆上各种刑具，大声责问他受谁的指使，要从实招来，否则这些刑具就要用在他的身上。吉翂回答说，我是老大，只因可怜父亲被冤，才愿代其受刑，生死大事，哪有受人指使的道理。梁武帝获知他的辩词之后，释放了吉翂父子。丹阳尹王志因此要以“纯孝”举荐他，吉翂谢绝了。他说，子代父死是正常的事情，我怎么能拿救父买个好名声来当官。十五岁少年，在狱中从容镇定，不怕刑罚，不怕刀斩，这是他磨砺自己的结果。

明初有所谓仁宣之治，那时有“三杨”辅政，杨溥为其中的一个。明成祖在位时，每当北巡和出征，常把皇太子仁宗留在京城处理国事，但又不放心，因而不时闹出矛盾。1414 年成祖出塞回到北京，以太子派人迎驾不及时为名，将东宫官员逮捕入锦衣卫狱，其中有侍读黄淮、正字金问、洗马杨溥、祎善等人。杨溥是进士出身，曾劝导太子学习汉文帝，还汇编了文帝的事迹供太子阅览，得到太子的信任。杨溥在牢中，家里的饮食不能供办，几次绝粮，但他并没为此烦恼。他究竟会被治什么罪，难以测度，说不定哪一天就会离开人世，对此，他全然不放在心上。他励志读书，一天也不停顿。同难者劝他说，性命都保不住，何必还要念书，不是白白耗费精神吗？他不这样看，他把孔子说的“朝闻道，夕死可也”作为精神动力，向同伴说，不要自暴自弃，不要浪费时间，还是要学习。就这样，他把能找到的经书、史书、诸子书读了几遍。他在囚室度过了十年。成祖死后，仁宗继位，他才走出监狱，后历官翰林学士，礼部尚书，武英殿大学士，和杨士奇、杨荣共同执行“与民休息”的政策，形成政治稳定的局面。杨溥在狱中几次要被杀害，竟砥砺十年之久，不改常态，即使同在牢房励志笃行的人也难以做到。

司马迁在《史记》里说，周文王被囚于羑里，推演《周易》。周文王和商纣王是同时代的人，居于陕西。他讲仁道，尊敬老人，慈爱少年，特别重视贤明的人，凡有这类人来找他，他必热情接待，有时甚至顾不上吃饭，许多人听说了他的美德，都投奔到他那里。纣王害怕他的影响扩大，不利自己的统治，就把他关进羑里监狱。这本来是坏事，但是文王利用这种空闲时间，进行自然与社会关系的研究，整天摆八卦，把它演变为六十四卦。这就是今天国内外学者热衷于研讨的《周易》。当然，文王作《周易》只是一种传说，不足为信。司马迁还说孔子困于陈蔡著作《春秋》；屈原被流放，撰写《离骚》；左丘双目失明，写作《国语》；孙膑受了刖刑，撰写兵书；吕不韦流放到蜀地作《吕氏春秋》；韩非被秦国囚禁，写出《说难》《孤愤》，司马迁本身也是受了宫刑，才发愤写出不朽名著《史记》的。司马氏用这些事例，是想说明被囚禁的人，义愤满胸，非要抒发出来不可，于是进行著述，这是很有道理的。狱中的困危，对那些有抱负的人，倒成了一种机会，使他们能够有时间总结经验，进行创作，给后人贡献珍品。狱中的人也只有不怕死，不怕条件艰苦，坚持正常生活，为出狱后干一番事业做准备，才能赢得人们的尊敬。而他们一旦得到自由，多会有新的业绩，易于取得成功。黄霸、董宣、杨溥的经历证明了这个道理。

亲人勖勉　竞相磨琢

中国古代社会，家庭对个人的作用很大。一个人的一切首先是家庭给予的，财产是家庭的，亲戚是家庭的，邻里也是家庭的。没有家庭，个人在社会上就站不住脚。这就决定了家庭对成员的教育极端重视，成员对家教也极其尊重。加之古代社会学校极少，人们的社会交往也少，因此谋生的、智能的、技能的教育主要靠家庭进行。家庭教育主要是家长、父母对子女的教育。这种家庭教育结合实际，又由于富有亲情，有共同利害，易于被受教育者接受。

有不少青少年知道“截发待客”这个成语，它反映一则母教的故事，来源于东晋陶侃的母亲湛氏。陶侃的父亲早死，家里很穷，湛氏日夜纺织，补助生活，又教育陶侃要结交比自己强的人，以便上进。陶侃迫于生活，年轻时就到县里做小吏，管理鱼池。有一次，他让人送回家一锅咸鱼，湛氏没有接受，把鱼退了回去，还写了一封信责备他：你做小吏，把官府的东西送给我，非但没能让我高兴，反而增加了我的忧虑，你这样还有什么前途！鄱阳孝廉范逵有一天带着众仆人路过陶侃家留宿，湛氏没有钱买东西招待他们，便悄悄地把头发剪下来卖了，买回酒菜，招待客人。湛氏为了喂养客人的马，把床上的新草垫撤下来，铡了做马料。范逵获知实情，深为感动，说有这样的贤德母亲，儿子一定不错，于是向庐江太守张夔推荐陶侃，张夔遂任命陶侃为督邮。陶侃对待母亲尽孝心，做江夏太守时，派仪仗队把湛氏从老家迎到衙门奉养。到东晋时，陶侃官至太尉、荆州江州刺史。他勤于职守，讲究人伦，不轻易收受他人的馈赠。凡有送礼的，先问礼品是怎样来的，如果是自己劳作所得，他才接受，并加倍送人礼物；若礼物是强夺来的，他不但不收纳，还给予训斥。有一次他见一个人手里拿着一把没有成熟的稻谷，问他做什么用，回答是拿着玩的。陶侃非常生气，责备他不应该把人家的稻子当作游戏的工具，并把那个人鞭打了一顿。他的这些行为，是湛氏不受咸鱼的教导的启发，他较好的政治素质是受湛氏教益的结果。他在生活上也按照母教约束自己，每次喝酒都有限量，有时正喝到兴头上，酒到限了，大家劝他尽兴，再来一点儿，他则说，想起年轻时喝醉过，母亲曾告诫他要少饮，现在她已故世，但她的教诲还是不敢违背。母教对他来讲，既是终身的约束力，又是终身受益的良规。东晋尚书梅陶评论陶侃，说他洞察事物，机智决断，类似魏武帝曹操，忠诚勤劳又像诸葛亮，给了他很高的评价，当然这与其良母湛氏的教诲和自我砥砺分不开。

西晋时，韦逞母宋氏是继承父志，又善教子的女性。宋氏出身在儒学世家，幼时母亲亡故，没有兄弟，由父亲教养。父亲给她讲解《周官》，开导她学习，并说《周官》是周公制作的重要文献，我们家世代研究它，成了家学，你不要让它失传了。宋氏牢记父亲的话，认真学习。时值少数民族进入中原，天下大乱，宋氏和丈夫离开家乡。在流亡的路上，她推着车，背着父亲留给她的《周官》。那时她的儿子韦逞幼小，宋氏白天砍柴，晚上教韦逞读书，同时纺纱织布，历尽辛苦。韦逞学习成功，有了名气，被苻坚任用为太常。一次，苻坚视察太学，知道功课开设不整齐。博士卢壶说，最缺的是《周官》课，韦逞母亲宋氏世传家学，现在八十岁了，身体还硬朗，只有她才能把后生教好。苻坚采纳了这个建议，但女子不能进太学，就在韦逞家设立学堂，收学生一百二十人，封宋氏为宣文君，教育生徒，使得《周官》之学重新为世人所知。

洪亮吉(公元 1746—1809 年)江苏武进人，六岁丧父，母亲蒋氏一面纺织养家糊口，一面教授亮吉读书，除讲授启蒙读物之外，还有《仪礼》《汉魏乐府》等经学、文学书籍。一次，讲到“夫者妻之天”句，想到丈夫早逝，孤儿寡母的苦处，便大哭一场，亮吉从而更加懂得敬爱母亲。蒋氏还带儿子回娘家居住，亮吉和表兄弟们一同读书。蒋氏是书香门第，亮吉外祖父兄弟五人，二人中进士，一人中举，一人为贡生。蒋家教育子弟极严，孩童入家塾以后，白天晚上都有课程，奇寒酷暑也不放假。夏天时，将五六个大缸注满水，放置在书桌底下，学童把腿放进去，既避免蚊虫叮咬，还可以降温。这样孩子虽苦，但可以坚持读书。亮吉在这种氛围中学习，刻苦认真，学问增长很快。但亮吉家境清贫，一次他为买书，把夹衣当了，被母亲发觉，遭到一顿痛打。蒋氏卖掉织的布，把衣服赎了来。公元 1767 年，亮吉外出考秀才，没有被录取，借住僧房读书，每夜念到三更天。和尚嫌吵，改让他住到既漏雨又潮湿的屋子，他为读书，对此毫不在意。但是他在科场并不顺利，直到四十五岁才中进士。这时蒋氏早已亡故，洪亮吉思念母亲的教诲恩情，绘制《机声灯影图》，表现其母在灯下纺织教子的情景，泛请求名家题词，表彰母德。洪亮吉受蒋氏教诲，为人正直，忠诚不阿，公元 1799 年上书朝廷，批评嘉庆帝不能勤政，指责朝中用人不当、赏罚不明、吏治败坏，点名批判朝内外官员四十多人，揭露了官场钻营的种种丑态。这一下捅了马蜂窝。嘉庆帝和大多数朝臣认为他诽谤皇帝和大臣，把他发配到新疆。一百天后虽予以释放，但再不用他做官。洪亮吉不以为意，继续研究学问，涉猎范围很广，在边疆历史学地理学方面做出很多贡献。他十分关心国计民生，当时人口已经三亿多，他著文评论，认为人口增长的速度超过了生产的增加，表示担忧。他的著作很多，有《卷施阁文集》《乾隆府厅州县图》《左传诂》等。洪亮吉的成就,是他们母子共同砥砺的结果。

尹会一(公元 1691—1748 年)成为清代名臣,可以说他母亲李氏和他共同砥砺而取得的。会一,直隶蠡县人,父亲早逝,家境贫寒。李氏教他读书,讲解《论语》,因此,会一少时就立志崇奉孔学,长大后,会一笃信宋儒程朱理学。他出仕以前,在祁州教家馆,把李氏迎接去侍养,不愿和母亲分离。中进士后,出任襄阳知府,李氏也随到任所。襄阳水旱灾害严重,每次会一亲去指挥救灾,李氏都要跪在地上祈祷老天保佑。别人看她上了年纪,怕她弄坏身体,劝她走开,从来也劝不动。会一白天在衙门办什么公事,晚上均禀告李氏。李氏如果认为有不恰当的地方,就指出要求他改办,会一每次均下跪请罪。会一生活上的收支均由李氏主管,会一夫妇从不多用一尺布、一文钱,把节省下来的钱物拿到公堂分给需要的人。当地百姓给李氏建立了贤母祠,以表崇敬。会一调任扬州太守,疏浚河道,引水灌田,后升任两淮盐政,仍住扬州城。扬州是商业城市,人们消费高,馈送也多,会一从不收礼物。李氏认为风俗奢侈不好,特意著作《女训质言》,倡导改变风俗。会一升任河南巡抚,见当地出产的棉花很多,可是百姓却不会织布,因此劝导妇女效法江南,从事纺织。李氏年过七十,会一退职,在故乡孝养老母。他还秉奉母命,买田给同宗族的穷人耕种;办义学,设义仓,资助穷人。李氏的贤名为人传诵。直隶总督高斌到蠡县拜望她,乾隆帝听说她的事迹，作了一首诗，写了一个匾额、一副对联，赐给她。李氏始终关心政事，经常阅看朝廷发布的公告，每有好事，她便焚香庆贺。李氏和会一互相砥砺，才有尹会一的清官形象。

清代文学史上有一个散文流派阳湖派，张惠言（公元1761~1802年）就是这个学派的创始人之一。他的祖母白氏寡居教育其父蟾宾兄弟，其母姜氏又以孀妇训导惠言兄弟，她们苦行砥砺，培养出了惠言这样的人才。祖母白氏的丈夫秀才张金第死后，留下三子二女。长子思楷十一岁，次子蟾宾九岁。白氏带着两个女儿纺织，挣钱少，一天只能吃一顿掺糠的稀粥。只有过年过节和家忌的日子，孩子们的饭食才得到一点儿改善。他们的生活用品更是短缺，夏天没有蚊帐，冬衣没有棉絮。白氏没有被这种穷日子压倒，一心让儿子读书，教他们念“四书”、《毛诗》。因为她知道得有限，讲解不了的地方，便向张氏本家有学问的人请教。有人看她家这么可怜，劝她不如让儿子干活挣钱以糊口。白氏说，张家六代读书传家，不能到我手里中断了。孩子的叔祖张衍黄是穷教书的，被白氏的精神所感动，经常义务教育蟾宾兄弟。也有亲戚接济张家一些粮食和钱，白氏都一笔一笔记下来，以便将来条件好时归还，并教育儿子报答人家的恩情。经过白氏的教育，思楷、蟾宾互相鼓励，发愤学习，终于成为秀才，在乡里教私塾。蟾宾死时，妻姜氏二十九岁，女儿八岁、儿子惠言四岁，遗腹子张翊还未出世。当时张惠言家无隔宿的食粮，姜氏面对嗷嗷待哺的幼女稚儿，一度为生活压倒，在惠言五岁时自杀，幸而被人发现救活，从此更尽心抚育儿女。她带着女儿做女红，惠言的伯父思楷居住城里，虽度日艰难，但还是多少给姜氏一点儿资助。惠言九岁时，伯父把他接到城里教他读书。惠言一个多月才回家看望母亲一次。有一天黄昏时，惠言回到家中，家里一粒米也没有，他晚饭也没吃就睡觉了。第二天早上他饿得起不了床，姜氏对他说，我的儿，你饿不惯了，我和你姐姐、弟弟经常不吃晚饭。惠言听了哭出声来。幸好惠言的堂姐知道了，买块糕送来给惠言垫补一下，惠言家直到太阳下山的时候才借来一点儿米，煮了稀饭喝了。惠言跟伯父学了四年，姜氏叫他回来教弟弟念书。姜氏给自己和女儿规定每天干多少活，完成了才休息，有时晚上也得做。每到晚上，一盏灯放在桌子中央，惠言兄弟对面坐着念书，姜氏母女对面做针线活。到了四更天，他们才相继休息。惠言少年懂事，学习刻苦，十四岁就开始教家馆，挣钱供家里生活。后来他考中进士，任职编修。他针对嘉庆初期官场积弊，主张整顿吏治。著有《柯茗文编》《周易虞氏义》等书。其弟张翊也考中秀才。惠言亲自教儿子成孙读书，成孙也一心钻研学问。惠言有《说文谐声谱》未完成的稿子，成孙替他增补完成，送给大学士、大学者阮元视看，阮元称赞这是“超卓精细”的一部好书。白氏抚养孤儿二十八年，姜氏则是三十年，先后辞世。白氏的砥砺精神教育了蟾宾、姜氏一代；姜氏又以自己的行动感化了惠言一代；惠言又把这种精神传给儿辈，张家就是靠着世代磨炼，在艰苦中坚持学业，才保持了家声，并给社会留下遗产，使我们今天还能从中得到启迪。

这一节所写的都是孤儿寡母的故事。寡母首先碰到的是生活问题，湛氏、蒋氏等人原是小康之家，丈夫去世，家中断了经济来源，难于支撑；白氏、姜氏的家庭原来就一贫如洗，以自己纺织、做女红，抚养了儿女。其次她们碰到的是教育问题，她们亲自教授子女读书，训炼他们的智能。儿女也能体贴母亲的苦心，他们刻苦钻研，成为人才。艰难中的两代人或者三代人互相砥砺，情深似海，血肉相连。砥砺精神是这类家庭的真正传家宝。

下　篇

有句民谚说:“只要功夫深,铁杵磨成针。”铁杵磨成针,全在下功夫,下功夫就是磨砥,成就是砥砺的结果。民谚把这种关系通俗而又明白地表现出来。铁杵磨成针,用学者荀子(约公元前 313—前 238 年)的话说是:“锲而不舍,金石可镂。”意思是说不停地雕琢,再坚硬的金属、石头,也可以镂刻成器皿和宝物。勤于砥砺的人,必然会出成绩,会成为有贡献的人。

韩愈说:“业精于勤,荒于嬉;行成与思,毁于随。”从勤奋与放纵两方面的对比,说明成就来源于砥砺。

王充(公元 27—约 97 年)讲:“勉力勤事以致富,砥才明操以取贵。”他把磨砺与富贵连在一起。砥砺取得富贵,古人有这种思想,也难怪。砥砺产生功名利禄、金银财物也是事实,然而这只是它的一种结果。砥砺包含着两方面的内容,一种精神上的,即坚韧不拔、持之以恒的毅力;一种是实践,用那个精神去从事社会活动,内容就极其广泛了。砥砺的目的有的是为获取富贵;有的是为所处时代崇尚的气节去奋斗;或者是追求廉洁奉公,不贪赃枉法;还可以是钻研经学、史学、文学和科学技术；或者是力求有卓越的政绩，有功于国家、民族和人民；再或者是追求崇高道德；或是“砥砺兴学”“砥砺赈济”“砥砺义行”等等，为社会做好事。社会在各方面都有杰出人物，这都同他们自觉的磨炼相联系。

俗谚：“学如牛毛，成如麟角。”意思是说学习的人多如牛毛，获得成功的人则是凤毛麟角。但是中国历史悠久，砥砺而有独特贡献的人还是很多的，这里只能依照他们贡献的社会方面，分类叙述其中较有影响的人。

明辨方向　砥砺名节

我们的先人有着强烈的气节观，对国家、民族无比忠诚，为了它任劳任怨，不怕流血牺牲。古人说的“国家”，系指一家一姓的政权。对它忠贞不二，不做新朝廷的臣子，就是有高尚节义的人；反之，若积极投身新政权，就是大节有亏。即使在同一个王朝，皇室内部可能会有斗争，有着是非的区别，这时臣子选择君王，也是气节问题。由于中国是汉族为主的国家，古人说的忠于民族，实际多指忠于汉族。古人重视区分华夏族与夷狄，在华夷纷争中坚持华夏立场，被视为全节高尚的完人。这些观念的历史局限性是明显的，历史上确有一大批人，不顾身家性命，经历种种灾难的磨炼，去争取名节道德的完善。他们的精神，鼓舞了后人。

西汉王朝与北方匈奴和战关系，是重大的朝政问题。汉武帝以前，匈奴处于攻势，武帝时期这一状况得到改变，屡次派兵出征。这中间也有和好的时候。苏武(?—公元前60年)就是在武帝时出使匈奴，苦节十九年而扬名于后世的。苏武的父亲苏建官游击将军，跟从大将军卫青出征，有过失，被贬为庶人。苏武的哥哥苏嘉为奉车都尉，弟弟苏贤为骑都尉，苏武则任移中厩监。公元前99年，汉武帝要释放被扣留的匈奴使者，任命苏武为中郎将出使匈奴，护送匈奴使者。苏武带着助手张胜、常惠及士卒一百余人到了匈奴王廷。恰巧匈奴内部有人谋反，其中有人与张胜熟识，因而张胜也被牵涉到事件中。匈奴单于镇压反对势力，张胜怕被人揭发，便将事情的原委告诉了苏武。苏武说，我们是使者，本来不应当管人家内部的事，现在犯了事，要被人家处死，这不是使国家受辱吗？我对不起国家。说着就要自杀，被张胜等制止了。单于果然知道了事情的真相，派人叫苏武投降，不再治罪。苏武回答说，我是凭着汉朝节杖来的使臣，哪能苟且偷生，将来有什么脸面回到汉朝。他不想活了，拔出佩刀刺向自己身体，后被旁人拦住没有死成。苏武晕死过去，经抢救才苏醒过来。单于看他是个有气节的人，更加要他投降，一早一晚派人来探望他。原为汉臣投降匈奴的卫律劝苏武说："我归顺之后，被封为王，有部众数万，马牛满山，富贵到极点。你若顺从了，也会像我一样，要不然，他们会把你放逐到大草原，谁还知道你呢？"苏武内心蔑视他没有骨气，不理睬他。卫律受辱发怒说，你听我的投降了，就和我是兄弟，若不听我的劝，你将来想找我也不可能了。苏武实在忍不住了，责骂他说："你不顾廉耻，背叛汉朝，我为什么还想见你！你明明知道我不会投降，还帮助单于要我屈服，这不是制造汉匈矛盾吗？”单于越看苏武坚贞不屈，越想把他罗致在麾下，他企图用肉体折磨的方法削弱苏武的意志，便把苏武囚禁在地窖里，不给食物和水。苏武饿急了就吞食节杖上的毛，渴了就吃口地上的雪，坚持了几天。匈奴人以为他是神，便把他放逐到北海(今贝加尔湖)，叫他放羊，并说公羊若能生出奶水，才放他离开，意思是让苏武死在那里。苏武拿着汉朝的节杖去放羊，只要早上一起身就拿起节杖，表示不忘汉朝，就这样住了十来年。后来，牛羊被游牧人偷走，苏武陷于困境。他的友人、汉将李陵兵败投降匈奴，知道苏武也在匈奴，由于内心羞愧，不敢见苏武。一天他奉单于的命令到贝加尔湖探望苏武，他说：“你在这里是白受苦，你讲忠义，谁又和你讲信义呢。你的哥哥因大不敬的罪名自裁了，你的弟弟因公事不能完成喝毒药死了，你老母也已故世，你的妻子已经另嫁他人，家里只剩下两个妹妹、两个女儿、一个儿子，现在也不知他们的死活。”李陵又说，人生像早上的露水，一会儿就化没了，你何必在这里受苦呢？苏武听到家里这些不幸的消息，全然不顾，回答说：“我父亲、兄弟没有功劳，皇帝还赐与爵禄，所以我们早就有为皇帝效力直到死亡的决心。现在兄、弟被杀，也是实践了我们的志愿。臣子对皇帝如同儿子对老子，为了父亲而死，有什么值得遗憾的，你不要再劝我了，我不会考虑背离汉朝的事。”李陵知道他的决心不可动摇，感动地说，在你面前，我和卫律真是罪大恶极了。李陵敬重苏氏，帮助他生活，派人送去牛羊，怕他不接受，不敢说是自己送的，说是妻子赠送的。后来，李陵又来报告汉武帝故世的消息，苏氏伤心痛哭，吐出血来。汉昭帝即位后，汉匈关系改善，匈奴应汉朝要求，放回苏武等九人。苏武在匈奴十九年，去时是壮年，归来已须发斑白，一生的黄金时代在困苦中消磨了。他在冰天雪地里挨冻受饿，忍受孤寂的痛苦，经受了磨炼，成为富有民族气节的典型。苏武辞世后，汉宣帝于骐骥阁绘制名臣像，有霍光等十一人，苏氏名列其中。后人崇拜苏武，以他为楷模。苏武的精神，还影响到朝鲜人。1637 年清太宗把朝鲜世子李溰作为人质押到沈阳，朝鲜国王仁祖听说世子在路上接受别人送的棉布，认为世子办事不妥当。他说："当了人质，还想像在宫中一样享福还行？应该效法苏武那样吃苦。"

比苏武略早一点的汲黯(？～公元前 112 年)，对汉武帝的过失直言不讳，因而多次受到打击。武帝罢黜百家，独尊儒术，表示要行仁政。汲氏当面揭露他的矛盾性，说陛下的欲望很多，好大喜功，必然要劳民伤财，怎么能实行仁政，把武帝气得脸都变了色，愤愤地说汲黯太呆傻。匈奴浑邪王率领部落投奔汉朝，武帝下令发车两万乘去迎接，长安令征发不到这么多车，武帝便要杀他的头。汲氏说，长安令没有罪。匈奴人来降，让老百姓受骚扰，不就把好事办成坏事了吗？武帝听了无话可说。长安市民与浑邪王部众交易，政府认为违法，要杀五百人。汲氏求见武帝，说过去在边境与匈奴人贸易有罪，现在国家让他们到长安，百姓和他们做买卖，却拿边境的法来治罪，这不是本末倒置吗？武帝不能正面回答汲氏的批评，只说我好久没有听到汲黯讲话，今天他又发起呆气了。不久，汲氏被免官，随后派他任淮阳太守。汲黯临走以前，对位列九卿的李息说："把我贬到地方去，不能对朝政发表意见，这我知道。现在是御史大夫张汤掌握舆论和大权，这个人心术不正，善于搞文过饰非，又能说会道，他有可能把好的建议压下来，蒙蔽皇帝，所以我希望李君要弹劾他。"岂知李息害怕张汤，不敢说话。后来武帝诛杀了张汤，又听说了汲黯的话，把李息也查办了，然而仍不重用汲氏，终于使他死在任所。汲黯屡受打击，怀才不遇，就是因为他始终对皇帝持批评态度。当时人就说他是非分明，"好直谏，守节死义"。他遵守大臣要对皇帝谏诤的大节，真正是维护皇帝的统治。他不让皇帝做错事、坏事，恐影响王朝的权威和稳定，这种作用，是那些专门搞逢迎的庸臣、奸臣所不能比的。诤臣自然不容易被颐指气使的人主所容纳，很可能遭到不幸。汲黯明知会有这种结果，却坚持以做诤臣策砺自身。当众朝臣数说他缺少心眼儿，不知顺着皇帝时，汲氏说："天子任命公卿辅佐，难道是让大家揣摩他的意思，奉承迎合，使他陷于不义不道吗？不是，我们既然在朝做官，怎么能光为保存自家性命，不顾朝廷名声呢？"这种诤臣，识大体，顾大局，以砥砺名节为人生的奋斗目标。

东汉中后期,朝廷中外戚和宦官争掌政权,为此互相杀伐,甚而害死皇帝,导致政治混乱,民不聊生。一部分朝臣和士人为维护刘氏社稷,与外戚、宦官斗争,屡受迫害,因而发生了两次党锢之祸。太尉李固(公元97—147年),就是为维护刘氏政权受外戚大将军梁冀杀害的“守节触祸”的典型。李固少年好学,为了投拜明师,不怕步行千里,经过十几年学习,出了名。地方官荐举,中央征召,他都不去。公元133年他应诏上书,因为当时是外戚梁商当政,他要求外戚退出政坛,让权力回到天子手中,又要求限制宦官的权力,不许官员举荐他们的弟侄和义子。汉顺帝认为他说得有道理,准备封他为议郎。可是宦官嫉恨他,假造检举信诬陷他,顺帝遂停止了对他的任命。朝臣大司农黄尚、仆射黄琼等为他辩白,才使他出任议郎。他对梁商抱有幻想,希望通过劝说,能使其自动退职,便给他写信说;“天下的事就怕达到顶点,你家名位已到了顶点,不如退职,颐养天年。”但是梁商贪恋权位,不听他的忠告。李固出任荆州刺史时,因南阳太守高赐贿赂接替梁商职务的梁冀而参劾他,梁冀不让李固参奏,李氏坚持上奏,梁冀就把他调任太山太守,失去了弹劾的权力。汉冲帝死时,李固正担任太尉,有权对立新君发表意见。他认为应该扶立年岁大的有贤德的藩王,传位后就能主持政事,并建议学习周勃迎立汉文帝、霍光迎立汉宣帝的做法,策立清河王刘蒜为天子。梁冀和他想的相反,他要策立小皇帝以便由自己掌权，于是自作主张立了年仅八岁的汉质帝。汉顺帝时滥用官员，李固奏罢一百余人。这些人仇恨李固，又知道梁冀对他不满，因此再次写匿名信，造李固的谣，说他假公济私，冒充正人君子，实行奸邪的事情；说他离间近戚，自立朋党，他所荐举的人，多是门生故旧，他还接受贿财，作威作福。幸亏梁太后了解李固的为人，没有给他治罪。梁冀见汉质帝聪明，怕他将来亲政后不利于己，便把他毒死。朝廷商议嗣君的事，李固联合司徒胡成、司空赵戒提议策立刘蒜。蠡吾侯刘志要娶梁冀的妹妹为妻，梁冀便提出要立刘志。双方争执不下。后来胡成、赵戒倒向梁冀，李固仍不肯让步。梁冀发狠，先罢了李固的官，接着册立刘志，是为汉桓帝。一年以后，刘文、刘鲔图谋拥立刘蒜，梁冀诬陷李固和他们是一伙，把他打入监牢。李固的门生王调等人自动带上枷锁，上书论证李氏无辜受害，河内郡赵承等几十人也要带着腰斩的刑具到洛阳上诉，为李固申冤。后来还是梁太后把李氏赦放。梁冀看到李固如此德高望重，不利于己，便把他杀害了，还下令诛戮他全家。临刑前，李固写遗书责备胡成、赵戒的变节，表示自己的志向，他说："我受国家的恩惠，立志扶持王室，策立长君，竭尽忠诚，不顾生死。我虽死了，得到忠义也就没有遗憾的了。"安定社稷的愿望，鼓舞李固砥身做官，不怕罢职，不怕诬陷，不怕杀头，成为气节坚定的人。《后汉书·李固传》中赞扬他顾大义，守气节。

田敬宣，十四五岁时到北齐宫中当宦者，尽管他在服劳役，但一有空闲就学习。他袖子里经常藏着书，早晚诵读，有不明白的地方便跑到文林馆，顾不得气喘吁吁，汗流浃背，赶快向学士颜之推求教。为了抓紧时间，除读书之外，他从不说闲话，每当读到古人大节大义的地方，便长久地沉思，受到激励。后来他伺候齐后主，任内侍中。公元577年，北周进攻北齐节节胜利，齐后主从邺都逃向青州，临行，命田敬宣出西门侦察周军动静，田氏遂被俘虏。周军问他后主跑到哪里去了，他故意说不知道。周军根据他的身份，知道他是拒绝回答，遂用刑罚折磨他，希望获得情报。但是田敬宣咬紧牙关，四肢全被打断了，也不泄密，终被打致死。北齐的很多文臣武将和宗室成员都投降了北周，而一个被人歧视的宦官却忠于北齐，不惜一死。

魏徵(公元580—643年)，汲黯式的诤臣，他的业绩要比汲氏丰富得多，处境也好一些，但"伴君如伴虎"，他死后的处境并不好。公元632年有人告魏徵党庇亲戚，唐太宗派人调查，知是诬告，但还是责备魏氏让皇帝怀疑他，是自身处事不妥善。魏徵不服，回答说："君臣大义，如同一个整体，互相信任。如果要求做臣子的办事总为自己着想，不要让皇帝猜疑，那就没有什么忠诚好说了。只有互相信任，国家才能兴旺，否则社会就会衰亡。"太宗听得有理，表示赏识，魏徵进一步表白说："希望陛下让臣做良臣，而不要做忠臣。"太宗不明白他说的良臣、忠臣的区别，要他说清楚，于是他说："良臣是其本身得到好名誉，国君获得好尊号，子孙得到福禄；忠臣因指斥昏君往往被误杀，君主名声大损，忠臣的家庭被毁，国家也受到损失，而忠臣本身虽得个好名，有什么用？"唐太宗听了，大受感动，要求他不要忘了这些话，同时表示将以社稷为重，不随便怀疑大臣。魏徵讲的君臣关系，是他处世的根本观念，即要忠于社稷，做有益于社稷的良臣。在这里，社稷与君主有所区别。社稷是一家一姓的政权，君主是皇家的一分子，可以代表社稷，但不等于社稷。因此，在忠君的观念里，王朝不可以更替，君主却可以换人。魏徵正是这样的思想——忠于社稷，忠于明君，不希望奉侍暴君，要对君主实行谏诤，帮助君主成为圣明天子。魏徵原来是唐高祖的太子李建成的宫官，他见当时秦王李世民势力蒸蒸日上，建议李建成早早设法对付李世民。玄武门之变李世民得胜，指责魏徵挑拨他们兄弟关系，魏徵并不恐惧求饶，并说太子若听我的话，就不会有杀身之祸了。唐太宗认为他正直，任命他为谏议大夫，到河北做安抚工作。魏徵在路上看见原太子宫官李志安等被押，便说太宗已下令免除太子属人的罪，当即把李志安等赦放。李志安是他原来的同事，他这样做，不怕被嫌疑，是遵循做良臣的原则。太宗知道他认真贯彻自己的政策，很高兴。不久，他向太宗提出基本国策：为百姓创造安定的社会条件，不要兴兵打仗。唐太宗采纳了他的意见，在贞观初年实行了"偃武修文""轻徭薄赋”的政策。这时西域各国要派使臣来长安，太宗令人迎接，魏徵不赞成，他说：“来的使团多达千人，沿途供应，负担不起，会使国家受损。若把他们当作商人，在边境进行贸易，是双方受益的事情。”太宗听了有理，立即改变态度。太宗长孙皇后生的长乐公主将要出嫁，太宗下令陪嫁物要多于他的姑姑永嘉长公主一倍。魏徵反对，认为这不合礼法。太宗告诉长孙皇后，皇后说，我们是夫妻，我每次说话尚要看陛下的脸色，魏徵敢于直言，是真正的社稷之臣。太宗虽是从谏如流的明君，但常听批评的话，也不那么舒服，有时就克制不住感情。有一次他怒气冲冲地回到宫里，嘴里嘟囔着：“这个乡下佬，非杀了他不可。”长孙皇后一问才知道是说魏徵使他下不了台，真生气了。于是皇后赶快道喜，说有陛下圣明君主，才有魏徵进谏，所以可喜可贺，太宗这才回嗔作喜，饶过魏徵。但是魏徵死后却遭了殃。原来有人说魏徵的坏话，太宗听信了，把亲自给魏徵写的碑石砸碎，还将衡山公主许配给魏徵儿子的婚约撕毁。太宗晚年攻打高丽失败，想到魏徵若在时，必然劝阻他，便不会有这次行动，于是又把魏徵的碑立起来。总之，魏徵冒死谏君遇到了勇于纳谏的唐太宗，还算平安无事，不枉终身砥砺，成为社稷之臣。

“先天下之忧而忧，后天下之乐而乐”的名言，是范仲淹(公元 989—1052 年)自身砥节砺行的写照，也鼓舞了后世志士仁人。范仲淹两岁丧父，后来母亲也改嫁了。他生活清苦，有时只能喝稀粥，但读书却四季不停，冬天念得疲乏了，就用冷水洗洗脸，又继续阅读。后来他做了官，仍在艰苦生活中磨砺自己和家人。他任秘阁校理时，常用俸禄帮助贫穷的士人，自家的孩子会见客人只能一个一个地进行，因为只有一套好衣服。后来他家富裕些了，但想到母亲在世时的艰难困苦，便不忍心过奢华生活。不来客人，家里就不食荤腥，把省下来的钱买了田地，建立范氏义庄，养活同宗族的人。这大约是因为他自己幼时孤苦伶仃，没有同宗帮助的缘故。开办宗族义庄，是范氏的首创，后世模仿建置的不少。范仲淹以助人为乐，实践了“后天下之乐而乐”的理想。他关心天下大事，体现在反对太后干政和实行庆历新政等方面。宋仁宗前期，章献太后临朝执政。范仲淹以秘阁校理身份上书，要求太后退出政坛，让仁宗亲政。太后不听，还把他放到河中府当通判，后还朝为左司谏。及至太后死，遗诰太妃杨氏为皇太后，参决政事，范仲淹再次上书表示反对。范仲淹就是这样，为维护赵氏的宋朝，反对章献太后干预朝政。宋仁宗朝官员冗滥，对辽朝和西夏用兵失败，兵变、民变不断发生，社会矛盾严重。身为参知政事的范仲淹，为改变这种局面，于庆历二年(公元 1043 年)实行政治改革，限制官僚荫任子孙，不让大臣推荐子侄充当中央机要部门的馆阁职务，对官员实行严格考核制度，裁汰冗员，企图通过整顿吏治加强北宋统治，造成太平盛世。但改革触犯了大官僚的利益，遭到反对，推行不下去。范仲淹本人也被攻击为搞朋党，贬到地方，死在去颍州的路上。范仲淹立志以天下为己任，并尽力去做，至于会有什么结果，他曾说过，成功和失败，不是我能把握的，我只是学习诸葛亮，不顾成败利钝，诚心去做。他一生几次遭到贬斥，先天下之忧而忧的信念鞭策着他，使他不怕挫折，砥砺终身。

“人生自古谁无死，留取丹心照汗青”的诗句，为人们传诵不辍，它的作者文天祥(公元 1236—1283 年)以毕生的行动，实践了他的崇高志向。文天祥是南宋吉州庐陵(今江西吉安)人，自幼在乡先贤祠看欧阳修画像。因欧阳修谥号“文忠”，文天祥遂立志尽忠，也要如同欧阳修那样受人尊敬。他在抗元斗争中，九死一生，终因不投降而被害。公元 1075 年元军进攻临安，宋恭宗号召天下勤王，没有人响应，独有文天祥应召。他征集万余人，友人劝他不要去。文天祥说：“正是因为大家疲沓，所以我甘愿去死，好形成一种风气，使天下忠臣义士都为宋朝尽力。”文天祥率军到平江，被元军打败。宋朝命令他与元军议和，元军不讲信用，反把他扣留，送往北京。他在到扬州的路上逃脱了，当地宋朝守将李庭芝以为他是投元的，要杀他。他忍受被误解的耻辱逃回南宋，又在吉州被元军打败，妻妾儿女均被俘。他的部下赵时赏冒充他，才使他幸免于难。赵时赏被元军杀害，显现出一个忠义人士的形象。文天祥逃过一难，很快又被元将张弘范俘虏。张弘范要求他写信招降南宋还在抵抗的张世杰。文天祥拒绝说，我自己不能捍卫家邦，哪能还要别人背叛！张弘范强迫他写，文天祥就将本段开始提到的那两句诗及《过零丁洋》诗全文写给张世杰，鼓励他为南宋尽节。张弘范将文天祥囚送北京，文天祥在路上绝食八天，没有死。元世祖为了统治南中国，想尽量利用在南宋有影响的人，一心要用文天祥为丞相，便把他投入监牢，下诏书要他投降。文天祥回答只求速死，元世祖又派丞相孛罗去劝降，文天祥对他说："我决心一死，你不要多说了。"孛罗生气地讲："你要死，我还不叫你死哩！"天祥又说："金石的性质不能变，我的毅志比金石还要坚硬，宁死也不会投降。"南宋的降官留梦炎等来劝降，都被天祥骂出去。他因为故国在南方，平时起坐一定要脸朝南面。公元1281年6月文天祥作《正气歌》表示"鼎镬甘如饴，求之不可得"。他在监狱中不再自杀，等着元朝人杀他，以表现他的正气。文天祥遇难后，人们在他的衣带中发现了他的手迹："孔曰成仁，孟曰取义。惟其义尽，所以仁至。读圣贤书，所学何事，而今而后，庶几无愧。"他用成仁取义砥砺终身，成为具有汉民族气节的楷模。

忍受灭十族的痛苦折磨，中国历史上绝无仅有的人是明朝初年的方孝孺(公元1357—1402年)。方孝孺父亲方克勤被明太祖误杀，方孝孺虽遭此不幸，仍一心读书。家穷没有饭吃，他却乐观地说，没有什么了不得的，穷也不是我一家。公元1382年，明太祖召见他后，对太子说：“这是个人才，现在不用他，将来让他辅佐你，创造太平盛世。”不幸的是，几年后一个仇人获罪，故意陷害方氏，害得方孝孺被捕送到南京。明太祖知道他的为人，又把他释放回原籍。明太祖死后，他的孙子建文帝继位，采取削藩政策。建文帝的叔父燕王朱棣打出清君侧的旗号，与建文帝互相征伐。建文帝重用方孝孺，任命他为文学博士，参预朝政，起草讨伐朱棣的檄文。朱棣打进南京，宣布建文帝自焚而死。方孝孺拒不投降，被投进囹圄。朱棣的谋士姚广孝早就向他说过，方孝孺不会投降，但他是天下最出色的读书人，不要杀他，留着有用处。这时朱棣要起草即位诏书，众人说只有让方孝孺写最好。朱棣想方孝孺原来反对自己，由他来写，最能使人心归服，就召他上殿。方孝孺为建文帝披麻戴孝来到大殿，放声痛哭，悲声传出丹陛。朱棣劝他说，我是效法周公辅佐成王，劳动你写诏书吧。方孝孺问他：“你说学习周公，那么成王在哪里？朱棣说，建文帝自己烧死了，当然是我做皇帝。方孝孺又说，建文帝驾崩，还有他的儿子，也轮不到你做臣子的人当皇帝。朱棣辩解说，建文帝的儿子是小孩子，你难道不懂得国家要由年长的人来治理的道理吗？方孝孺反驳说：“你说国赖长君，建文帝有兄弟，他们可以处理政事。”这一下把朱棣说得没话可讲，只好说：“谁做皇帝，是我们朱家的事，你就不要过多地操心了，还是起草诏书吧。”说着让人把纸笔塞到方孝孺手里。方孝孺把笔扔到地上，边哭边骂，并说："死就死，诏书不能写！"朱棣被方孝孺义正词严地数落一阵，这时再也按捺不住心中怒火，责问他："难道你不怕灭九族吗？"孝孺愤怒地回答，你能杀我十族吗！朱棣气得叫人割他嘴巴上的肉，方孝孺就用流出的血吐朱棣。朱棣又把他送回牢房，还把方孝孺同宗族的人、母族和妻族的人、朋友、学生都抓来。一个个送给他看，然后行刑。方孝孺铁了心，忍视一个个亲友遭难，就是不屈服，最后被肢解而死。这一案，方孝孺的家属、同宗共死亡八百七十三人，戍边的更多。从来只有灭九族，方孝孺却遭到灭十族的不幸，朋友、学生也跟着遭殃。对明成祖这样滥杀无辜，明朝人不满地称之为"瓜蔓抄"。方孝孺临刑前曾写过绝命词："忠臣发愤兮血泪交流，以此殉君兮抑又何求。"表示他是为建文帝殉节而死，是建文朝的忠臣。建文帝殉社稷，方孝孺殉君。他屡遭磨难，为信任他的君主而死，气节昭彰。他曾著文，认为篡臣、女主、夷狄占有天下，都不是正统。明成祖是篡了他侄儿建文帝的位，方孝孺宁死不降顺他，就是因为他的篡逆，不是正统。正统观促使他实践了对建文帝的气节。

于谦(公元1398—1457年)是明朝社稷之臣，不是死于敌军瓦剌的手里，而是殉难于宫廷政变。于谦做河南、山西巡抚，平反冤狱数以百计。他为官廉洁，到京城议事，从来不给上司、宦官送礼。英宗朝宦官王振当政，贿赂公行，对于谦不作打点，很不高兴,借故把他投进监狱,关了三个月才放出来。于谦就因为不屑走门子,巡抚的职务做了十九年才调为兵部左侍郎。公元1449年,北方蒙古族瓦剌部人把明英宗俘虏,进攻北京。侍讲徐有贞要求南迁,于谦说,主张迁都的人,应当斩首!京师是根本重地,不能放弃,应汲取北宋的教训。当时明景帝执政,听了于谦的话,升他为兵部尚书,主持首都的防务。于谦在危难中受命,毅然以保卫明朝社稷为自己的任务。果然,他部署有方,指挥得当,成功地击退了瓦剌部的围攻,迎回明英宗。景帝因他功劳大,赏赐他住宅、锦帛、金银,他一再推辞,说国家多难,我做的是臣子应该做的,不值得赏赐。景帝不答应,他只得收下财物,但原封不动地保存着。明英宗利用石亨、徐有贞发动宫廷政变,废黜景帝,重新登基。他为了给政变找借口,转移人们的视线,便诬陷于谦和大学士王文要谋反。石亨对于、王严刑逼供,王文认为冤枉,情绪激动地极力辩白,于谦冷静地劝他,说石亨就是要诬陷我们,辩论也没有用。他把生死置之度外,对阴谋家的嘴脸看得清清楚楚,不屑与他们辩白了。英宗杀了于谦,籍没了他的家产。发现除了封存完好的景帝赐物,别的并无值钱的东西。足见他是个廉洁奉公的官员。于谦遏制逃跑派,成功地保卫了北京,使明朝转危为安。

明朝末年,出现讴歌杨继盛弹劾奸相严嵩而被害的传奇。杰出思想家黄宗羲为母亲做寿看这个剧,一家人感动得都哭了。清朝乾隆帝在宫中演出昆曲《鸣凤记》，孝圣皇太后感动地问，当今有没有像杨继盛这样的朝臣？杨继盛以一个忠节可悯的形象流传于后世。杨继盛(公元1516—1555年)，农家出身，自幼放牛。他看人家孩子上学，求得父亲允许，边读书边放牛。十八岁中秀才以后，他为继续学习，借住寺庙，终于考中进士，出任兵部员外郎。那时蒙古诸部不断进攻明朝，明廷主持其事的仇鸾怯懦无能，执意主和。杨继盛乃上书弹劾仇鸾。然而仇鸾得到明世宗支持，见杨继盛的弹章，反下诏书逮捕他，接着把他贬为狄道典史。仇鸾主和并不能阻止蒙古人的进攻，世宗才想到杨继盛的忠诚可嘉，遂升他任兵部武选司员外郎。杨继盛感激涕零，昼夜苦思如何报答君恩。一天夜晚他突然坐起来，说出心思，妻子张贞在旁边笑着说，你算了吧，不如告退回乡。杨继盛问这话是什么意思，张贞回答说："当初你为朝廷上书揭发仇鸾，被害入狱。现在大学士严嵩贪赃弄权，超过仇鸾百倍，有他隔在当中，你怎么能报答朝廷？"她这么一说倒启发了杨继盛，应当和奸相严嵩作斗争，于是连夜起草参劾严嵩的奏章。他认为严嵩是国贼，他接受贿赂，任用私人，把好事归功于己，坏事推给皇帝。皇帝的左右，都成了严嵩的亲幸，使天下人只知道有严嵩，而不知道有皇帝。他认为严嵩的作恶，皇帝有责任。他写道："陛下奈何爱一贼臣，而忍百万苍生陷于涂炭哉！"世宗见杨继盛攻击起他的宠臣，又涉及到自身，为护自己的短处，便将杨继盛投进诏狱，一关就是三年。初入狱时，有人给杨继盛蚺蛇胆，说吃了可以不怕杖痛。杨继盛笑着说，我自有胆，哪里要用蚺蛇胆来壮胆，他早就做好受刑的思想准备。狱吏秉承严嵩意志，对杨继盛施用严刑，打得他皮开肉绽，又不给药治疗，肉已腐烂。一天夜里杨继盛疼醒了，便用碗碴把腐肉刮去。牢卒掌灯不忍看下去，几乎把灯从手里掉下来，可是杨继盛却面不改色。在牢中，他坚持读书。从不间断，又写好遗书，对兄长、姐妹、妻、儿子、女儿、奴隶各人的事一一做了料理。世宗决定把杨继盛处死。临刑前，杨继盛赋诗二首。自诩“浩气还太虚，丹心照万古”，即有浩然正气，垂名史册。

吴晗先生的《海瑞罢官》历史剧，使得海瑞(公元 1511—1587 年)成了几乎家喻户晓的历史人物。《明史》称赞海瑞“苦节自励，诚为人所难能”。海瑞以创造天下太平为已任，为此和不法的大臣作斗争，进而指责皇帝。海瑞任户部主事，时值明世宗后期。这位皇帝崇信道教，追求长生不老，沉湎于享乐，二十多年不上朝听政。海瑞对这种状况极度不满，上书要求世宗改变态度，并指责世宗专意修炼，浪费民脂民膏，滥兴土木工程。海瑞知道他的这些言行会招致不堪设想的后果，所以，上书的同时告别家属，备下一口棺材。果然，世宗见疏大怒，叫太监赶快捉拿海瑞。太监说，他棺材都预备了，哪里会跑。世宗听了泄了气，过了些日子又想到海瑞居然敢骂他，还是把他关押起来了。

两个月后世宗死了，管牢官员认为海瑞会受重用，为巴结他，摆上酒席。海瑞却以为是要处死他，神情自若地吃喝起来。官员告诉他真情，哪里想到他听说世宗崩逝，伤心地痛哭起来，把吃的东西都吐出来了，晕死过去。他骂皇帝，又哭皇帝，他是恨皇帝不争气，希望通过骂皇帝使其猛醒，这种忠君气节不同于他人。

明朝末年，明熹宗荒嬉，宦官擅权。崇祯帝刚愎自用，加税毫无节制，闹得民怨沸腾，民变蜂起。宦官与官僚之间以及官僚内部纷争不已，在野的士大夫也卷入政争当中。当时的形势可以说是政治混乱而民气有所舒张。被当时人称为“砥行博闻”的张溥(公元1602—l641年)，是励志为受压抑的社会成员呼喊的士人。张溥，太仓人，母为妾，他也被人歧视，这反而刺激了他，使他好学，训炼了砥砺精神。他每读一部书，便抄写一遍，抄好后再诵读一遍，然后烧掉。接着再读再抄再焚。这样反复七次，书便背得熟透了。因为经常抄写，用笔的手指磨出茧子，冬天手冻得开裂，就在热水里泡一会，接着再抄。他因为有这样的学习经历，把自己的书房叫做“七录斋”，文集取名《七录斋集》。他把读书中的磨炼精神，用到社会活动方面。明末，江南先有东林党的活动，以后各种文人结社不断出现，他们都十分关心政事。张溥和张采，周钟也组织了应社，并联合安徽、浙江和河北的文人社团，发展了应社的组织。在苏州还有孙淳、吴翻建立的复社。张溥为联合发展，使应社与复社合并，又以政治家的风度，舍弃应社的名称，推尊复社的名义。在他的组织之下，复社于公元1629年、1630年、1632年，先后召开三次大会。1632年的集会，由张溥倡议，向各地发出通知。于是山东、江西、安徽、山西、湖北、湖南、福建、浙江及江苏复社的各个支派的成员在苏州虎丘举行集会，有几千人参加，旁观的人更多。大家很兴奋，赞叹这是三百年来没有的盛会。复社的宗旨是反对明中叶以来的文风，主张复兴古学，实际是强调学习为了应用。张溥、张采的文会活动，逐渐具有政治性。他们评论时局，得到东林党后裔的支持，而被阉党余孽所反对，于是张溥便有意识地进行政治活动。他使人揭发大学士薛国观接受贿赂的事，使薛国观倒台。复社活动受到反对派的攻击，说张溥掌握朝廷用人命脉。崇祯帝下令调查，然张溥已经病逝。张溥中进士没有做官，成为在野派领袖，终为国是而献身。张溥生前曾写有《五人墓碑记》一文，为纪念1626年苏州民变。吏部郎周顺昌在故乡苏州闲居，反对擅权的宦官魏忠贤。魏派人到苏州逮捕他，激起几万民众的反抗，校尉被打死。倡议聚众的是平民、轿夫颜佩韦、马杰、周文元等五人。后来周顺昌死于北京诏狱，颜佩韦等五人在苏州亦被杀。苏州人崇敬他们的尚义精神，把他们合葬在一起。张溥特为他们撰写碑记，说明复社成员参加了这次反对阉党的活动，同社的人也支持他写纪念文字。他在碑记中赞扬下层民众的反抗斗争，因为他们本身是匹夫，为反抗暴政而牺牲，是对社稷的重大贡献，如果他们不是为民众运动而死，他们将会永远默默无闻，所以参加民众运动才使他们的生命更有意义。张溥赞扬民众反对暴政，体现出他自身砥砺名节的品格。

汲黯、苏武等人高度重视气节的修炼，垂名后世。他们节义的内容很有差异，大体上可以分为四种。一是保卫汉民族及其政权，坚持民族气节，如苏武、陈东、欧阳澈、于谦等人。二是为一个王朝的兴盛和延续而竭尽心力，即为保存某一个王朝的社稷而砥节砺行，如汲黯、李固、田敬宣、魏徵、范仲淹、杨继盛、海瑞等人。三是在皇室内部的斗争中，反对篡夺者，尽忠于原来国君或应当继承大统的人，如方孝孺。他们坚持的正统观，与为社稷而死有所不同，即对同一个王朝，大范围是忠于该王朝，小范围还忠于特定的皇帝。在古人的气节观中，重视忠于社稷的人，反对篡位君主的意识要弱一些。魏徵在玄武门之变后，奉仕篡夺太子李建成地位的唐太宗，并不是过失，也不是个人的耻辱。同样，管仲在齐桓公胜利之后，改变过去的敌对态度，帮助桓公完成霸业，也没有人指责他是变节。所以魏徵一类的人物忠于社稷，方孝孺一类的忠于所崇奉的君主，都是有气节的。四是为民众反对暴政，不惜坐牢杀头，如颜佩韦和他的伙伴。历史上为民族、王朝而砥砺名节的人有一大批，他们历来受人尊敬，事迹被后人传诵。

砥砺于忠于王朝和君主的人，他们所服务的王朝可能非常腐败，当政的皇帝也可能昏暴已极，这样的王朝，不可能不亡。因此他们的忠节，实在是愚忠。即使皇帝本人并不坏，但是为他殚精竭虑，不惜罢官坐牢，今天看来也不能简单地肯定。所以对古人忠于社稷的气节要做分析。把个人视作一个君主、王朝的附属品，以为生命、地位是他们给的，却不管他们的政治是否清明，是否值得去维护，一味为其效劳，乃至于死，这种忠节观是封建主义的伦理观，是君为臣纲的具体化，是应当批判的。君臣伦理以及与此关联的等级名分观念，把人不当作人，使人没有独立的人格，没有个人的意志，要以君主的是非为是非，以君主的意志为意志，正是在这种思想观念的指导下和封建社会的环境中，才产生了一批忠于社稷、实践愚忠的人。我们今天讲到这些历史人物时，应该有分析，有批评，而不是一切肯定。同时，我们还要历史地看待他们。他们生活在封建时代，把个人看作是皇帝的附属物，把君主的小恩小惠看作为天大的恩情，因而有忠君报国的思想。我们还要历史地对待他们留下的精神遗产。他们有信仰，去奋斗，去磨炼，百折不挠，视死如归，实践证明他们有追求，有气节。撇开它的具体内容，可以启示后人的则是重视名节的精神，即为人要注意大节，要明辨大是大非，认定了目标，坚持去做，不管遇到多少困难，罢官，坐牢，杀头，妻离子散，受不明真相的人、有恶意的人的围攻，都不动摇信念，不改变言行，也就是不变更信仰，不改变节操。如此砥节砺行，就会成为一个正直的人，一个道德高尚的人。

上述追求名节的人，大多数没有好结果，不是被害，就是被罢过官、坐过牢，这主要因为君主专制制度，限制人才能量的发挥，不允许有人超越君主的意志。重视名节的人个性比较强，正直无私，反对腐败，必然触犯帮助皇帝作恶、自身贪婪无厌的朝臣，并受到他们的围攻，于是只有不得好结果的命运了。“峣峣者易缺，皦皦者易汙”，正是封建专制制度造成了好人没好报的结果。古人讲名节，认识不到这个问题，其实重视大节，正是要

勤奋磨砥　业绩昭著

越王勾践被吴王夫差围困在会稽，伤感地说，我难道就在这里结束一生？大夫文种劝解说："商汤有德，却被夏桀关在夏台监狱；周文王也遭到过商纣的囚禁；晋文公因其父献公中谗言而要杀他，逃亡翟地，流浪二十年；齐桓公因其父襄公无道逃奔莒地。这些人或者成为明君，或者成为霸主，都有名垂后世的业绩。从这些人的事情看，遭到困厄，还是一种福事呢！"在文种看来，经历困境，令人奋发图强，成就事业，使坏事变成了好事。他说得很有道理，凡不屈服于逆境的人，经过磨炼，大多会成功，至少也会有所作为，这就是砥砺出英雄，成大功，就大业。

越王勾践（？—公元前465年）最后成为战胜吴国的胜利者，他卧薪尝胆的故事，成为千古美谈。20世纪60年代剧作家曹禺曾写过《胆剑篇》，就是歌颂勾践的。其实勾践的对手夫差（？—公元前473年）也有过一番砥砺功夫，不过没有坚持下去，最后失败了。夫差的父亲吴王阖庐与勾践打仗，负伤而死，死前派人告诉夫差，要夫差为他报仇。夫差继位后，日夜操练兵士。

出入宫门时让侍卫问他："夫差，你忘了杀父的仇恨了吗？"夫差总是回答，不敢遗忘。夫差就这样苦煎苦熬地准备了三年，然后出兵打败了勾践，替父亲报了仇，砥砺有了结果。夫差把勾践俘虏到宫中，禁闭在石房里，命他养马。勾践没有被杀，是太宰伯嚭接受贿赂为他说了好话。他知道生命没有保障，更谈不到将来报仇，因此便以认真服苦役换取夫差的怜悯。他穿着劳动者的短衣，给马铡草，精心喂养。他的妻子也跟着扫除马粪。夫妻表现出安分乐命的样子。夫差生了重病，不见好转，勾践便每天尝他的粪便，了解病情，以此表明自己的忠心。夫差康复后，便让勾践离开石屋，但仍然喂马。过了三年，勾践果然被放回国。回去后，他实行十年生聚、十年教训的政策，以培植国力，等待时机报仇雪恨。他以身作则，在坐处和睡铺旁挂着猪胆，每次坐卧时舔一下苦胆，并自己问自己，你忘了灭国的耻辱了吗？他亲自参加农耕，夫人织布。他们不吃肉，不穿绣花的衣服，以激励自己不要忘记在吴国吃的苦。勾践设立贤士馆，招徕四方的贤人，为他出谋划策。他还帮助穷人，谁家死了人便去慰问，关心他们的困难。这些举动，使得民众和他一条心。一首纺织妇女的民歌，叙述了勾践的苦心苦行："我君心苦命更苦，尝胆不苦甘如饴。令我采葛以作丝，女工织兮不敢辞。"勾践就是如此艰苦地准备着。而夫差却被胜利冲昏了头脑，不听伍子胥杀掉勾践的建议，反而放虎归山。夫差出兵攻打齐国，伍子胥劝阻他，但夫差听不进去。勾践带人朝见吴王，夫差十分高兴。伍子胥指出这是麻痹吴国，要警惕。夫差仍不以为然，反把伍子胥赐死。子胥告诉别人，他死后把他的眼睛挖下来放在东城门上，他要看着越军怎么灭掉吴国。果然，勾践经过二十二年的艰苦奋斗，乘着夫差争霸中原消耗力量的机会，出兵围困吴国都城。夫差被迫自杀，勾践实现了报仇的夙愿。后来勾践又与齐、晋等国会盟于徐州，号称霸主。夫差、勾践胜败双方，互易其位，后者成为最终的胜利者。寻求其原因，自然是多方面的，如用人上一得法，一不得法，夫差不听贤臣伍子胥的忠劝，而重用奸臣伯嚭；勾践依靠范蠡、文种，举朝一致，故而有力量。在对民众方面，夫差贪图名位，不顾民力，不断出征，丧失民心；勾践则得到民众拥护，养精蓄锐。在夫差和勾践两人主观方面，前者不能坚持磨砺，半途而废；后者有耐心，持之以恒，几次想打吴国，都听人劝导，继续准备力量，等待时机。磨炼愈久，意志愈坚，最后勾践终于获得成功。因此，能否始终砥身砺行，是双方成败的关键。

苏秦是东周洛阳人，那时秦国已开始强大，东方的齐、楚、燕、韩、赵、魏六国哪一国也难于单独对付秦国。苏秦就是在这种社会背景下进行学习和政治活动的。苏秦是读书人，年轻时离家游历，希望能有国君信用他，想不到出游几年，钱用光了，也没找到落脚的地方，只好回家。兄弟、嫂子、妹妹和妻子见他狼狈的模样，调笑他说，我们洛阳人的习俗，不是务农，就是经商、做工。你可好，不务这些本业，却想凭着你的口舌去闯荡，碰一鼻子灰回来，活该。取笑过后，嫂嫂还是给他做了饭吃。苏秦对于眼前的失败和家人的数说，感到羞愧，同时也认识到自己修养、学识还不足，因而处世不利。他决心先充实自己，不忙于出仕。于是他便闭门读书，昼夜不停。有时困极了，他就用锥子扎进大腿，流出血来，这时就清醒了，接着读书。他在普遍阅读的过程中，发现应当掌握一家学说，以便得心应手地运用，因而他便专门研究纵横家思想。经过一番磨砺，他准备再次外出游说。当时家里既没有田产，又没有钱财，于是他向别人借了一百钱作路费就上路了。他首先求见周显王。显王周围的人过去对他就有看法，认为他智识浅陋，不相信他。苏秦遂西进函谷关，到了秦国。他向秦惠王说，秦国强大，可以吞并天下。秦惠王以力量不足回答他，拒绝了他的求职。苏秦又出关到达赵国。掌管赵国政事的奉阳君对他的学说不感兴趣，当然不理睬了。苏秦连碰了三个钉子，但毫不气馁，鼓起勇气到了燕国。没想到一年之间见不到主事人。当时他最希望有人劝他坚持下去，可是听不到鼓励的话，反而尽受干扰。有一个随从还再三劝他离开燕国。他没有听，仍然耐心等待，终于见到了燕文侯。他对燕文侯说，燕国方圆两千余里，有甲士数十万，战车六百乘，战马六千匹，贮存了几年的食粮，是天府宝地，而且多年没有战争。燕国为什么能如此安宁和幸福呢？因为当时秦国和赵国互相攻战，秦国离燕国都城又太远,没有力量打到燕国,就是打下几个边境城市也守不住。而南边的赵国却不同,它虽然在与秦国交战,但它只要出兵攻燕四五天就可以到达燕都。因此苏秦得出结论,为了保持安宁,没有外患,燕国应当与赵国和好,共同对付秦国。这是苏秦正式提出东方诸侯联合起来共同对付西秦的战略思想。他这个主意打动了燕文侯,便给他车马金帛,委托他到赵国去商谈燕赵合作事宜。这时奉阳君已死,赵肃侯亲政。苏秦对他的谈词与对燕文侯的不同,这次他先讲择交的重要性,即要想保邦安民,关键在于选择好友邦,共同对敌。他认为,根据赵国的处境,只有联合近邻的魏国、韩国,以它们为屏障,抗拒秦国才能保邦安国。苏秦为了坚定赵肃侯抗秦的信心,手拿地图讲解:"东方六国的地方大于秦国五倍,兵力为其十倍,只要六国合作,秦国就不敢侵扰了。"赵肃侯听了觉得很有道理,便派苏秦再去联络其他诸侯。苏秦遂又先后到了韩国、魏国、齐国、楚国。他每到一国,皆与国君分析该国的地理形势,财力、物力、军力,如何处理与其他国家的关系等等。他对所有国家的情况都了如指掌,分析得头头是道,正中对方的心思。于是六国同意联合起来对付秦国,这就是历史上有名的"合纵"政策。六国还聘请苏秦为合纵约长,并各自任命他为相国。秦国因此十五年没有出兵东方,苏秦的合纵政治方略取得了明显的效果。苏秦本人身佩六国相印,他到各地去,各诸侯均派使臣跟随,其队伍之庞大，犹如国君的威仪。一次，他顺道回家，周显王畏惧，征发民夫清扫道路，还派使臣到郭外迎接。苏秦回到家里，对嫂子说，想当年我若有洛阳郊外二顷田地，我就不会奋斗，哪能有今天的地位。贫困、失败，激励苏秦读书，有了知识，坚持运用到现实政治生活中“锥刺股”般地砥砺，终于使他得到了社会的承认。

班超(公元32—102年)投笔从戎，是古来佳话。班超兄长班固写作《汉书》，妹妹班昭在宫中教育后妃，撰著《女诫》。班超青年时也涉猎经籍和史书。因家里穷，他便给政府抄写文书，孝养母亲。抄书是个细致艰苦的活计，一天，他抄得厌烦了，扔了笔说：“大丈夫要有大志，再不济事也要像西汉人张骞那样立功西域，博取封侯，哪能天天与笔墨为伍。”当时东汉处于和平时期，文人参政，武人吃不开。所以班超说要效法张骞，是说文官道路走不通，退而求其次，希望走武官道路。但别人笑话他，以为他不安本分，自不量力。公元73年，奉车都尉窦宪出兵攻打匈奴，班超以假司马(武官)的身份和从事(文官)郭恂出使西域，同行的有三十六人。当时东汉正与匈奴争夺对西域的控制权。班超到善鄯，国王开始对他很恭敬，不久便变得疏慢了。班超获知，这是匈奴使臣到了的缘故，要想取得主动权，只有驱逐匈奴使团。班超要去攻打匈奴使团，军士提出要同郭恂商量，班超说他是文人，胆小，不要让他知道，又鼓励众人，说“不入虎穴，焉得虎子”。于是他们在夜间突然袭击，消灭了匈奴使团。郭恂听到这个消息，吓得脸都变了颜色，继而又觉得自己没有功劳。班超为团结同僚，表示可以给他报功。这时，善鄯王立刻改变了态度，派儿子到洛阳做陪臣。那时龟兹国王依靠匈奴的力量灭掉了疏勒国，立龟兹人兜题为国王。班超派人到疏勒，杀掉了兜题，重新为疏勒立王，巩固了汉朝在西域的统治。公元75年，汉明帝死，焉耆、龟兹乘机进攻东汉西域都护陈睦，陈军覆没。班超孤军在疏勒，汉章帝叫他回师，但疏勒王、于田王坚决拦阻，班超决心留下来。东汉派李邑去支援，李邑胆怯，在路途上书，认为西域不可经营，又诬告班超拥妻抱子，贪图在外国享乐。班超为不使事业半途而废，忍痛休弃妻子，使汉章帝不疑心他。后来班超得到东汉政府的援军，又联合当地的力量，终使莎车、龟兹、焉耆、姑墨等五十余国投顺东汉，从而保护了西域各族的安全以及“丝绸之路”的畅通。班超被任命为西域都护，封定远侯，食邑一千户。公元102年8月班超回到长安，他在西域活动达四十年。班超成功的原因，除东汉当时国力强大之外，就他个人讲，有大志、大勇、大智，在对待同僚态度、克制自己的磨砺功夫上，不是一般人能做到的。如分己功给郭恂，又或李邑诬陷他，他不把李邑留在属下侮辱他，反而派他送乌孙国侍子回洛阳，成全他想离开西域的心愿。随同班超到西域的军士，多半是释放的罪人，他们毛病比较多。班超能容忍他们的小过失，只抓他们的大事，以得到他们的拥护。接替班超职务的任尚就不懂这个道理，对人严刻，不几年就失败了。班超克己容人，可见其磨炼功夫之纯熟。

曹操说“生子当如孙仲谋”，宋词人辛弃疾在《登京口北固楼》词中又转述了曹操的话。仲谋是孙权(公元182—252年)的字，无论在他的同时代人或后世人的心目中，他都是一位英雄。上篇介绍过，他教育吕蒙等人学习知识，并以自身的事例说明学习的必要和可能性。他在读书中的砥砺精神不必赘述了，作为一国的君主，他敢于正视自己的错误，接受臣下的批评，勇于改正，也是一番砥砺的功夫。公元233年曹魏辽东太守公孙渊叛魏，为借助孙权力量，伪装归顺。孙权准备派张弥率领万余人去封他为燕王。举朝文武认为公孙渊不可信任，不宜派遣使臣。张昭说，若使臣不能安全返回就会取笑于天下。孙权听了大怒，认为张昭在侮辱他，决计不听别人的意见，派出使臣。结果张弥等人果真被公孙渊所杀，孙权犯了大错。张昭因那场争执告病不上朝。孙权生气，用土把他的门封起来。张昭也不示弱，从里边也用土封上。等到孙权知道错了，几次派人慰问张昭，表示道歉，张昭仍然不上朝。一天，孙权路过张昭家门，要见他，张昭回称病重不能见。孙权叫人放火烧他的大门，吓唬他，张昭还是不出来。孙权只好灭火，在门外等着。后来张昭的儿子把张昭扶起来，坐上孙权的车，进入后宫。孙权深刻地责备了自己，张昭才又恢复上朝。孙权还想发兵征讨公孙渊以雪耻，大将军陆逊上疏反对，指出图谋大业的人，不要因小事妨碍大事，讨伐公孙渊要出海，劳师动众，没有必胜的把握，不宜开战，孙权也就取消了报仇的念头。孙权起初重用吕壹，吕壹为人残忍，迫害群臣，众人恐惧，太子孙登几次揭发他，孙权不听。公元238年，吕壹罪行败露，孙权把他处死，同时责备自己用人不当。他派中书郎袁礼到各地向大将们表示歉意，希望大家和衷共济，但是众人仍有恐怖心理，不能安心供职。孙权再一次给他们下诏书，表示和他们名分上虽是君臣，实际上情同骨肉，希望"荣福喜戚，相与共之"。陆逊是孙权手下的名将，他为孙权取得了对刘备的夷陵之战的胜利，孙权酬功，用他为丞相。孙权在与太子、鲁王的关系中处理不善，陆逊主张明辨嫡庶关系，但杨竺诬告陆逊，孙权听信诬告，屡次责备他，陆逊气愤地生病而死。孙权很后悔，见到陆逊的儿子，便痛哭流涕地说，我以前听信谗言，和你父亲关系疏远，害得他心情不愉快，我对不起你。君主向臣子这样承认错误实在罕见。清朝史学家赵翼把孙权和袁绍做了对比：袁绍不能用沮授的计谋，致有官渡之战的失败，可是他不知自省，反而把沮授杀害，以掩饰自己的无能；而孙权能克制自己，向臣子承认错误，气度宏大。其实每一次认错，都是痛苦地磨炼自己，所付出的代价也要比一般人多。然而这也正是孙权成功的重要原因。孙策死时，孙权所继承的遗产只有会稽、吴郡等地，臣下也不安心。但孙权却能破曹兵于赤壁，擒关羽于荆州，败刘备于夷陵，使吴国三分天下有其一，连他的对立面曹操也称赞他。辛弃疾也曾仰慕孙权，希望南宋与金朝对峙时，也出现一个像孙权那样的杰出的君主，支撑江山。由此看出，孙权的人才、事功的确难得。他的砥砺求学、求治精神也值得赞扬。

奴隶出身的石勒(公元274—333年)，后赵皇帝，他的砥砺精神异于常人。石勒是上党武乡人，属羯族。这个民族原来居住在西域，后来随着匈奴族迁到内地，所以被称为匈奴人的一个分支，实际上是个很小的民族，受汉族人的歧视。石勒家里很穷，十六岁时跟着同乡到西晋首都洛阳做买卖，虽然年少辛苦，但增加了阅历。他成年后身体逐渐强壮，并善于骑射，又很有胆量。富于世故的乡亲看他素质好，劝别人要好好待他，将来会得到好处。但这些人听了哈哈大笑，蔑视石勒，说他不会有大出息，使石勒受到了侮辱。他给地主郭敬、宁驱耕种田地，勤勤恳恳，得到一些照顾，多少安慰了他受伤的心。他没有固定的劳作处所，在并州范围内流动。公元303年饥荒流行，官员刘监要捉拿石勒出卖，亏得宁驱把他藏起来，才免了一场灾祸。他后来便出走了，路上没有吃的，又没有穿的。在饥寒交迫中，不幸的事又发生了。并州刺史司马腾为了补充军粮，大肆捕捉少数民族人民，卖到冀州换粮食，石勒也被抓住了。在运往冀州的路上，他们每两个人用一副刑枷锁着。石勒好几次被打骂，又生了病，亏得郭敬亲戚的照应才免于一死。结果他被卖给仕平人师懽当奴隶。师懽看他是个人才，免除了他奴隶的身份。于是他又到各地找雇主，在武安一家干活，又碰上军队，被捉拿。他在路上逃跑了，摆脱了第二次当奴隶的命运。石勒认识官府牧奴汲桑，汲桑为人豪迈，为群众所信服。石勒因为善于相马，与汲桑结交。公元307年汲桑、石勒在茌平起义，反对西晋王朝，势力迅速发展，但被晋濮阳太守苟晞打败，一万多部众死亡。后来汲桑在战斗中牺牲，石勒为保存部队，归附于匈奴人刘渊建立的前赵，被用为大将。后来他重用汉族失意官僚张宾，并联合汉族统治阶级，发展成为割据势力。公元319年石勒自称赵王，建立政权，史称后赵。公元329年后赵灭前赵，取得中国北方大部分地区。领地南至淮海，北有燕赵，东临大海，西有山西全境。在五胡十六国中，它的版图之大，仅次于苻坚的前秦。石勒取得这么大的成就，得力于书生张宾的谋略和他本人的勤奋学习。石勒原来没有读过书，不认识字。他带兵后，迫切需要学习，便抓紧时间，让人给他读书、讲书。有一天读《汉书·张良传》，念到刘邦被项羽围困荥阳，听谋士郦食其的话，要立六国的后人，以便使他们和汉王共同对付项羽的地方，石勒吃惊地说这个办法太糟了，这样大家都称王，怎么能统一天下。念书人接着读下去，是写张良反对郦食其的计谋，他问刘邦，你有力量控制六国后人吗？你有财力物力接济贫人取得拥护吗？跟从你的人见你封六国后人，地方分完了，他们还有什么指望，还能够尽力吗？经过这么分析，刘邦明白了，取消了立六国后人的计划。石勒听到张良的解说，连连赞叹有道理，表明他学习历史，得到启发，提高了智慧。后来他把学到的都用到了实践中去，当时的人称赞他用兵如神，合于孙子兵法。

小和尚做了大皇帝，明太祖朱元璋(公元1328—1398年)在中国历史上是独一份。他成为农民军首领以前所吃的苦，所进行的奋斗，都是惊人的。他的祖父、父亲都是佃农，并且经常流浪，穷得一无所有，一家人后来迁居到凤阳。元璋兄弟四人，他行四，从小给人家放牛。十七岁的时候，他的家乡流行瘟疫，他的父亲、母亲、长兄、三哥四口人均染病身亡。因他家是外来户，没有坟地，亏得一位好心人给了他家一小块地，他和他二哥用芦席把父兄抬去埋葬了，这就是今天凤阳的明皇陵。他的二哥是老实人，在那灾荒年月没有能力养活他，自身外出找活路，不久也死了。朱元璋想打工过活，但在荒年，哪有人家雇人，眼看着要饿死。邻居汪老太可怜他，帮助他进了皇觉寺做和尚。那时寺庙也没有饭吃，只住了一个多月，和尚们就散伙了。朱元璋没有办法，便出游四方化缘，实际上与要饭差不多。为了得到饭吃，他跑得很远，晚上就住在破庙里，或者山洞里、大树下，走到哪儿就在哪儿住下。有时在山凹里，独自一人，听着猴子叫喊，勾起心思：没有亲人，生活无着，既伤心，又害怕。早上起身，看见哪儿冒烟，知道是在做早饭，急急忙忙走去，向人家讨口饭吃。流浪中有时生了病，全靠年轻生命力旺盛，不知怎么就好了。就这样，他做了三年丐僧，然后回到家乡皇觉寺，继续当和尚。就在他流浪的时候，元末农民大起义爆发了。他去过的那些地方，是韩林儿红巾军活动的区域，他的家乡也有红巾军郭子兴的队伍在活动。他想到当和尚没有出头的日子，想去参加红巾军，又怕失败了要被砍头，心里很矛盾。想来想去，就用占卜的办法决定自己的去留，结果得吉卜，于是他就去濠州城里，参加了郭子兴的部队。可是刚到部队，他便被怀疑是元军的奸细，被抓起来了。以前是做农民、和尚的痛苦，这时开始了军人的磨砺。他被绑着，要杀头，但毫不畏惧，眼里冒着怒火，怪这伙人自家人不识自家人。郭子兴赶来问明情况，收他入伍。朱元璋走南闯北，见多识广，办事又用心，很快成了郭子兴的亲信，郭子兴又把义女马氏嫁给了他。这位夫人就是后世以贤德著称的马皇后。公元1353年朱元璋回到家乡，招募了七百人入伍，成为军官。接着去了定远驴牌寨，那里有一支民兵，朱元璋只带了几个人去见该部首领劝降。同行的害怕，要求增加人数。朱元璋说人多了反倒使对方疑惧，办事不顺利，说着骑马到达寨中。对方答应投降，但三天后又反悔了。朱元璋把他们的头领抓获，使三千名壮士归顺。这次以少胜多的成功，表现了朱元璋"不入虎穴，焉得虎子”的英雄气概。朱元璋四处打仗，连获胜利，他把战利品都分给了部下。别的统领获胜回来都给郭子兴夫妇送财宝，朱元璋没有。这引起郭子兴夫妇不高兴。马夫人就把自己的东西送给郭子兴夫人，以示弥补，缓和双方关系。郭子兴脾气暴躁，把朱元璋当作家小看待，动不动就对他要态度，严重时关禁闭，不给饭吃。马夫人便偷着给朱元璋送吃的。一次，马夫人将刚出炉的烧饼揣在怀里，瞒过众人，把饼送到元璋手里，可是她的胸部却被烫红了。朱元璋为人部下，资历又浅，只得磨炼自己，提高自己的涵养，按下火气，低头小心地伺候郭子兴，为他出兵打仗。后攻下和州，军士抢占民间妇女，朱元璋便申明纪律，让百姓领回妻女。这时有友军孙德崖部来到和州，朱元璋只得接待。但孙德崖与郭子兴不和。郭子兴听人诬传，以为朱元璋与孙德崖合作了，又抢人妻女，掳掠财物，便突然来到朱元璋军营，怒气冲冲。朱元璋见状赶快跪下，不敢辩白，只说若我做儿女的有罪，是家里事好说。孙德崖是外人，弄不好要打仗，得先处理，郭子兴这才消了气。孙德崖听说郭子兴来了，便要走。朱元璋怕走时部队会发生冲突，就亲自把他送出城，并要求孙德崖留在后面弹压。哪知郭子兴把孙德崖给扣下了。孙德崖的军队便把朱元璋刺伤，用铁链锁起来。开始时要杀他，有人说，得用他换回孙元帅，不能杀。这样，他被关了三天，双方交换了俘虏，朱元璋才死里逃生，回到自己的部队。不久郭子兴病死，朱元璋成为该部的实际统帅。公元1356年朱元璋率军攻下金陵,从此以这里为根据地,东征西战。当时在他上游的是农民起义军徐寿辉、陈友谅集团,力量强大。公元1360年,陈友谅率部打到金陵城下,朱元璋在大雨中作战,击退陈部。公元1363年,双方在鄱阳湖大战,陈军号称六十万,舟船巨大,高达十余丈,又把船连在一起,远看像座山。而朱元璋船小,便采取火攻的方法。战斗中,陈军骁将张定边突然出现在朱元璋的指挥船前面,而朱元璋的船因遇沙滩搁浅了。正在危险的时候,朱军众将来救,因船多势猛,把水涌到朱元璋坐的船的地方,使他的船乘水势离开浅滩,才脱离了危险。这一仗朱元璋取得了胜利,陈部一蹶不振。有了这些胜利,公元1364年朱元璋建立吴王政权;公元1368年推翻元朝,正式建立明朝,统一了全国。朱元璋在位三十一年,奖励垦荒,实行轻徭薄赋政策,严惩贪官污吏,对中国历史的发展做出了贡献。他发迹在郭子兴部队,他要是不能忍受郭子兴的虐待,也就没有出头的日子,更谈不上后来做皇帝了。他是从极端贫困、卑贱中锻炼出来的。

明代浙江淳安有徐姓一家,兄弟三人分家产。老大得了一匹马,老二分到一头牛,老三已过世,留下寡妻和两个儿子、三个女儿。老大、老二做主,把奴仆阿寄分给三弟媳妇,寡妇不敢违拗,只好接受。但她又放声痛哭,说:“马可以乘骑,牛可以耕田,阿寄已经五十多岁了,要他有什么用?”阿寄做为奴隶听主人的数说、责骂已经很多了，自尊心也早已磨没了。但这时他见女主人伤心泣诉，也自叹自身没有用。他想，在主人眼里我连牛马都不如，我还是人吗？这么想着他倒发愤起来，想为主人做点儿超出家庭劳动的事。他想出去做买卖，考虑好怎么做后，便去告诉主人。女主人听他说得有道理，便把耳环、钗、簪拿出来，换了几两银子，交给阿寄去做生意。阿寄进山里贩漆，到平原出售。他不怕辛苦，又处处设想周到。一年的时间，赚了三倍的钱，提高了继续经营的信心。他对主人说："你不用发愁了，我这买卖可以致富，养活得了公子小姐。"接着他又外出跑生意，一做做了二十年，已经七十多岁了，还在辛劳。由于阿寄经营有方，积累了上万两的银子，寡妇成了当地的大财主。三个女儿的嫁妆，两个儿子的聘礼，每人都用一千两银子，又聘请教师教育公子，捐粟使他们成为太学生。后来阿寄得了病，临死的时候他对女主人说，我做牛马，挣了钱，为的是报答你容留我的恩德。说着，拿出两个笔记本，上面一清二楚地记着徐氏的财产。他把本子交给女主人，说两位少爷认真了解它，可以世代保守家业。阿寄不仅会赚钱，还会保管，期望主人家长期维持家业。阿寄死后，有人怀疑他一定也给自己赚了很多钱，可是打开他的竹箱，里面既没有金银器物，也没有什么值钱的东西。他有一个老妻、一个儿子，穿的是仅能遮盖身体的衣服。他没有财产，他是一心为着主人家，为奴隶争一口连牛马都不如的气，让人们认识到奴隶当中也有人才,讲道义。当然,这种道义,对主人有好处,是剥削阶级所需要的,是奴才的道义。但在这里,我们不是表扬阿寄尽忠于主人,而是赞赏他砥砺出成就的精神,为奴隶争气的精神。

李自成(公元1597—1645年)与朱元璋有一些相似的经历,但功败垂成,给后人很多经验教训。他是陕西米脂人,家庭清贫,幼时被迫舍身寺院,叫作黄来僧。十几岁时给别人放过马,有的历史文献中说他当过酒保,学过打铁,不一定真实,但说明他从小劳动,受人鄙视。有一次,李自成大约是公差路过艾乡绅家,因为天热便袒露身体躺在艾家门前的石坊地上。艾乡绅看见后,恼怒在心。又有一次李自成在艾家墙角小便,艾乡绅看见后便把李自成擒拿到院内,用棒棍乱打一顿,并把他绑在柱子上。李自成非常饥饿,恰好艾乡绅的小儿子正在吃饼,李自成以为他是小孩子不懂大人的事,便向他要饼吃。岂知那小孩却骂着说:“我把它喂狗,也不给你吃。”说着把饼扔在地上,用脚践踏。李自成因此对艾家怀有刻骨仇恨。李自成还向艾家借过高利贷,过期没能还钱。艾乡绅嗾使知县把李自成捉去,打板子逼债,又戴上枷让他站在县城的十字大街上,令行人观看。当时烈日暴晒,又不给水喝。李自成的同伙同情他,把他移到阴凉的地方,给他喝水吃饭,但是艾乡绅的家奴不许,还大骂他们。李自成不忍心同伙受累,便说,我就是死在太阳下也不怕。说着便费力地移动到烈日下，也不吃喝，虽然疲惫到极点，也硬挺着。民众见状更同情他，大家一齐上前，打碎锁枷，保护李自成逃出城外。县尉和役卒前来捉拿，逼使李自成走上造反的道路。后来李自成称王的时候，回顾往事，曾说他出身布衣，身经切肤之痛。这是说他在参加农民起义军以前，曾受过千磨万难的痛苦。公元 1629 年李自成参加了农民起义军张存孟的部队，但是不久张存孟投降，李自成便投奔高迎祥，坚持反明斗争。公元 1636 年高迎祥牺牲，余部推李自成为闯王。明末农民起义前期，起义军队伍分散，没有统一指挥，成了所谓十三家七十二营的局面。由于流动作战，没有根据地，打下城池，也守不住，民众不断参加起义，首领叛降的也多。公元 1634 年夏，李自成部、张献忠部几万人被明军围困在汉中栈道地区。当时阴雨连绵，刀锈蚀了，弓背与弓弦脱离，衣甲浸透了，马没有草料，人几天吃不上一顿饭，失去了战斗力。李自成派人向明军将领馈赠金银宝物，伪装求降。明军信以为真，派官员监视义军过栈道，并给食物。李自成部过了栈道，便立即杀掉安抚官，或把他们绑在路边，割掉耳朵，以示对明朝的反抗。同时进攻宝鸡、麟游等地。伪降使起义军渡过一次覆灭的灾难。公元 1638 年李自成部在陕西活动，遇上狡猾的陕西三边总督洪承畴的围攻，连吃败仗，只好分散活动。在甘肃礼县，李自成带领的战士、家属三百人，差点儿被明军俘虏。摆脱追兵之后，李自成与祁总管部进入四川，可是祁总管又叛变了。李自成当时只有几百人,便转移到深山密林里。为防止敌人突然袭击,他们不敢睡在窝棚里,每日露宿在大树下。这时农民军重要队伍张献忠部、罗汝才部都接受了明朝的招抚,停止了反抗活动。李自成的处境极端困难,有的历史文献记载,最少的时候,他的队伍只有十八个人。他有时失望,要自杀,但被部下劝止了。有时他回顾历史,知道刘邦经常打败仗,最后成功了,便以这种历史事实鼓励自己和部下继续战斗下去。而明军方面以为李自成已经死了,对他的部队放松了追剿。公元1639年张献忠部再次举兵反明,起义军各部又开始活跃起来。公元1641年李自成在河南势力发展很快,攻占了洛阳,杀掉了明福王。在进攻开封时,李自成左眼中箭失明。李自成在生活方面,始终保持艰苦朴素的本质,粮食脱去皮就吃,不要求精米白面,菜蔬有一两样就可以了,不用奴仆,不好女色。罗汝才有成群的妻妾,他让她们穿绫罗戴金银首饰,还有乐队。李自成看不上他这种作风,规劝他改正。李自成把精力用在对付明朝和训练士兵方面,每次行军打仗,一有间隙,他便亲自检查士兵演习武艺,把这种活动叫做“站队”。李自成磨砺十几年,在各支农民军活动的基础上,终于脱颖而出,于公元1644年攻进北京,推翻了明王朝,建立了大顺国。在中国历史上留下了他不可磨灭的一页,成为农民起义的英雄人物。可惜他的部下被胜利冲昏了头脑,滋长了骄傲自大和麻痹思想。有些人甚至追求生活安逸，丧失了农民军的本色。李自成又在战略策略上犯了错误，因此他们在北京只待了四十多天，便被迫撤离。李自成本人也在公元1645年牺牲。英雄末路，可悲可叹，但是，李自成总是起自陇亩的伟人，他自身的砥节砺行既促成了他的成就，又使他成为砥砺精神的表率。

砥砺，会使人干出一番事业，在各个社会领域里做出个人的建树，成为政治家，成为有作为的帝王，成为有成就的商人，或成为人民的英雄。只要有砥砺精神，不论其原先条件如何，都可以成就事业。上述那些人，勾践、孙权的出身，有助于他们的成功。但多数人出身卑微，乃至身为奴隶、佣工，然而却成就了大事业，卑寒并没有妨碍他们夺取功业。当然，他们是在一定的客观条件下成功的，但是客观因素并不是决定性的，决定性的因素是因为他们富有进取精神，又严格要求自己，并努力去实践，因而获得了他人的信任和拥戴，从而走向成功的道路。

生活俭约　廉洁奉公

中国古代政府对官员有“清、慎、勤”的要求。“慎”是谨慎，办事要稳重，不毛毛躁躁，不随心所欲，心血来潮，想怎么办就怎么办；“勤”是勤快，办事认真，不拖拖拉拉，讲究工作效率；“清”是清廉，不侵吞公家钱粮税款，对百姓不索贿受贿，要秉公处事。这个“清”，就是“廉洁奉公”。古代政府为使官员清廉，总结了一套办法，并写进法律，其主要内容是惩治贪赃枉法。曹魏时有“请赇”律文，晋代叫“受赇”律，北周改称“请求”。《明律》概括为“受赃”篇，共有十一条，规定：凡官吏受财，撤官罢役，不再启用，枉法受赃一贯(一千文)以下，杖七十；二十贯杖六十、徒刑一年；四十五贯杖一百，流放一千里以外；达到八十贯，处以绞刑。这种律令有时执行得很严。如明太祖在1385年办了一起户部侍郎郭桓贪污案，案情是郭桓等人本应在浙西等处征收秋粮四百五十万石，而入库的粮、钞只合二百六十万石，其余一百九十万石均被郭桓等人侵吞。案子牵连了所有行贿、受贿的官民，结果杀了几万人。明太祖为了严惩贪官，有时把罪犯剥了皮，填上稻草，竖在衙门口，以警告官员，但官吏仍有贪污作弊者。到了清朝，政府用发放养廉银的办法制止贪污。就是在俸禄之外，再给地方官一些生活补助费和办公费，使他们的生活富富有余，但这个办法也没有能控制住贪污。“十官九贪”，“无官不贪”，“三年清知府，十万雪花银”，这就是古代官场的写照。只有极少数官员，奉公守法，以清官砥励自身。有的官员不屑于向上司打点送礼，有的为反对贪污进行过斗争。他们出污泥而不染，清廉自守，俭朴自约的精神，垂名史册，留芳百世。

平生不做亏心事

东周时，公仪休做鲁国宰相，依法办事，不让做官的人与百姓争利，也不准大官攫取小官的财富。他的嗜好是吃鱼。一天，一位客人来拜访，带了一包鱼，公仪休拒绝接受。客人奇怪地说：“听说你喜欢吃鱼，才给你送来的，你为什么不要？”公仪休解释说：“正是因为我爱吃鱼，所以才不接受。现在我做相国，有俸禄，买得起鱼吃。”公仪休生活俭朴，他把菜园的葵(较好的蔬菜，如芹菜)拔掉，另种大路菜来吃。他拒绝收鱼，是怕别人投其所好，让他干枉法的事情。鱼是小礼品，鱼都不收，贵重的东西自然更不接受了。他自身清廉，所以才能要求其他官员奉公守法。公仪休的这种甘苦如饴的精神留传后世。寇準在成安知县任上，给贡士出的考试题就是《公仪休拔园葵赋》，可见他对公仪休的崇拜。

东汉杨震被后人美称为“关西孔子”。他原来很穷，租地耕种，养活母亲。后来他研究经学，成为名儒，教授学生。徒弟中有人帮助他种地，他不乐意。为了杜绝再有人帮忙，他把种的作物拔掉，表明他要自食其力，不接受别人的东西。出仕为东莱太守后，他在上任途中经过昌邑县，该县县令王密是杨震在荆州刺史任上举荐的人，他为报恩，夜晚怀揣十斤黄金来送礼。杨震对他说：“我们是老交情，但我知道你的为人，你却为什么不知道我的为人？”王密不甘心，仍然想把礼送出，就说，我特意在晚上来，金子放在怀里，你即使接受也没有人能知道。杨震说，怎么不知道？天知，神知，我知，你知。王密自知理亏，羞惭离去。杨震历官太常、司徒、太尉，始终清正守法。汉安帝要重用宦官头子李闰的哥哥，派舅舅耿宝告诉杨震，杨震以不合制度加以拒绝。皇后的哥哥阎显也向杨震推荐自己的近亲，杨震不予理睬。太监、后族在东汉政治中有特殊地位，杨震不买他们的账。安帝又下令给乳母王圣建造住宅，杨震上疏反对。杨震的正直召来了小人的妒嫉，诬陷他怨恨皇帝，迫使他自杀。如果他答应耿宝、阎显等人的要求与他们同流合污，自然会得到馈赠。但他坚持廉洁奉公，不受贿赂。他的生活十分清苦，子孙经常吃素菜，出门没有车子坐。亲朋好友劝他置点儿产业，留给后人，他不答应。他认为，如果他被人称为清官，他的后人是清官的子孙，这种名誉上的遗产，比给他们留下田宅财物还要贵重。他的“天知、神知、我知、你知”的守法态度，成为后世清官约束自身的精神力量。金朝初年，王政任职侍卫亲军都指挥使，兼管军队物资。当时金朝刚刚结束战争，军需管理制度不健全，管理人员便大肆贪污盗窃，但又查不出来。唯独王政账目清晰，保管完善。有人开玩笑地对他说：“看你做了这么多年的官，怎么还这么穷。”王政说，我不是不能贪污，而是杨震“四知”自律的精神鞭策着我，我宁肯清苦，也不拿公家的财物。王政成为和杨震一样可敬佩的清官。

清廉表现为多种形式。公仪休、杨震拒贿是一种，不接受赠予也是一种。东汉初年，孔奋任姑臧长。这个地方在河西走廊，非常富饶，经常与少数民族有贸易往来，所以在这里做官的，不到几个月就发财了。可是孔奋干了四年，财产一点儿也没有增加。所得俸禄，给母亲买办好吃的，他和妻子只能吃蔬菜。河西地区的官员离任，装载聚敛资产的车一辆接一辆。孔奋离开的时候，没有什么财产，只用了一辆车坐人。当地百姓见他这么廉洁，感谢他的恩德，觉得没有报答，心中不安。于是捐集大量财物和牛羊，追赶几百里送去。但是孔奋只表示感谢，一件物品也没有接受。当时社会风气是贪污的得实惠，对砥砺清廉的人不但不尊重，反而讥笑，认为做官的就应当贪污，清廉的人是白受苦。孔奋不受邪恶风气的影响，被污吏仇恨，也不惧怕，我行我素，被民众所爱戴。

三国时的田豫，历官汝南太守、护匈奴中郎将、并州刺史。他恪守官箴，爱护部下，把朝廷的赏赐全部分给属下，自家却缺吃少穿。并州是鲜卑人贸易的处所，该部人素利为顺利开展交易，向田豫馈赠牛马，田豫一一登记，交给地方政府，一点儿不往家里送。素利以为田豫是怕牛马显眼，不好收受。于是怀揣黄金三十斤到田豫府中，要求摒退左右，然后跪下说，我见你贫穷，以前几次赠送牛马，你都给了公家，今天送来黄金，是给你的，又没人知道，请你一定收纳。田豫笑着接受了。因为如果拒绝了，会影响边境贸易，甚至会发生军事冲突。但是田豫还像往常一样，把金子归入国库，并写信报告魏明帝。明帝奖励他，赏赐绢五百匹。田豫以一半归公府，一半给素利，自己一点儿没有要。他退职之后，汝南府有人路过田豫家，见他贫困老瘦，感动得直流泪，回去一说，当地人凑集几千匹绢帛送来，他却一匹也没有收。

隋将郑诚阵亡，遗孀崔氏，抚养稚子郑善果。善果因是功臣后人，十四岁就被隋朝任命为刺史、太守。崔氏博览史书，懂得些治理方法。当善果坐堂理事时，她在屏幛后面听着，觉得有理，便对儿子和颜悦色；善果若是妄自发怒，处事不当，她就严加责备。崔氏每日不停地纺织到深夜。善果说，我是三品官，俸禄很多,您何必那么辛苦,劝她休息。崔氏说,纺织是我应当做的,再说你的富贵是继承先人的遗业,不是你凭本事挣来的,你应当把赏赐分给亲戚,不要独占。崔氏特别告诫儿子,做官要清廉,说他的父亲就是为官廉洁,应当向父亲学习。崔氏还规定,善果在衙门吃饭,从后堂送去,不许吃公家备的饭,把省下的那份膳食钱,用来修理衙门和分给僚佐。善果得于母教,也以此自励,于是得到清官的好名声。可惜在崔氏亡故之后,他不能坚持磨炼,名声就不如以前了。

拒绝贿赂、送礼的官员,他们的思想根源不外是两个方面:一是不敢,像公仪休所说的,办违法的事,被发现了要撤职,不划算,所以不贪恋钱财。当然因为贪污受到惩罚的,在官员中占极少数。另一个是凭良心,如杨震的"四知"说。要对得起天地神明,对得起祖宗,对得起自己的良心。崇拜天神祖宗,使这类官员自觉清正廉洁,该领的俸禄领取了,不该领的赃物绝不沾手,视名誉为第一生命,把财物当作粪土,不因贪财,玷污自己的名声。

陋巷箪瓢不改志

东汉初年东海兰陵人王良,被任命为太守,他不肯上任,后来又被任命为京城的大司徒司直。他做官清廉,生活俭朴,盖的是布被子，用的是瓦器，并把妻子留在家乡。他的同僚鲍恢到东海办事，顺路到他家探视，见到一位妇女穿着布裙，光着脚，从田里往家里扛柴禾。鲍恢以为她是仆妇，问她王夫人在哪里。那个妇女说，我就是王良的妻子。原来王良的妻儿正在家乡务农。鲍恢把这消息带回京城，听到的人都对王良夫妇表示敬意。王良生病归乡，汉光武帝几次叫他重新出仕，他不同意。光武帝又派人带着仪物的币帛征召他，他也不动心。这时他和农夫一样，子孙服徭役。光武帝为表示优待他，免除他家劳役负担。王良一家勤劳朴素，所以能官能民，做官保持廉洁本分。

晋朝人吴隐之没有出仕以前，家里贫穷，但拒绝他人的馈赠。后来他出仕为晋陵太守，从不收来路不正的钱财，他的妻子每天劳作，担柴做饭。吴隐之晋升为秘书监、御史中丞后，居官清廉，所得禄米、赏赐均分给亲戚。自家冬天没有被子盖，拆洗棉衣，没有第二件穿，只好披棉絮。他的困苦与贫穷的劳动者一样，不像是做官的人。广州物产丰富，多产珍珠，路途离中原遥远，气候也大不相同，一般人不愿意到那里做官。要去的话，也多半是垂涎那里的财物。东晋政府想改变那里的恶劣吏治，特地任命吴隐之去当刺史。隐之赴任走到离广州二十里的石门，那里有“贪泉”，据说喝了泉水人就贪得无厌了，这可能是对贪官污吏的讽刺或解嘲。隐之故意喝了泉水，并写了一首诗，表示他虽然喝了贪泉水，但绝不会改变清廉的本色。果然，他在广州只吃蔬菜、干鱼，不用珍馐，除日常用的帘子、帐子等物之外，其他物品都放置在公家仓库里，表示他没有私人的财物。一开始，人们议论他，说他是矫情，伪装清廉。可是后来人们看他在任期间始终如此，也就没得可说了。他返回内地时，除了简单的行李，没有多余的财富。他的家只有几间茅屋，狭小的院子，围个篱笆。家里放着用竹子编的屏风，没有毡席。执政刘裕要给他重新建设住宅，还送给他牛车，他全都推辞了。他出任度支尚书时，正月初领了禄米，留下自家吃食的，其余的全分给了亲族。家里全靠他的家属纺织以补家用。有时粮不够吃，两天才能吃上一顿饭，他的妻子儿女一点儿也沾不上他做官的好处。隐之的儿子延之，官鄱阳太守，也以清廉自励。延之的弟弟及儿子，在郡县做官，以廉洁为家法，保持不变。

长孙道生，北魏司空，受封上党王。虽然高官厚禄，但清廉自守。他穿着朴素，食不兼味，一个熊皮屏幛，用了几十年也不改换。他的住宅又矮又小，一次他到地方上去，家里人乘他不在，赶快修缮房屋。道生回家看到这种情形，便给子弟讲汉朝霍去病的故事：霍去病为了打匈奴，不建设自己的家园，要向他学习。为表示决心，他把盖起的房子又拆毁了。魏世祖命乐人歌颂群臣，人们的咏词是“智如崔浩，廉如道生”，可知长孙道生是那时最有名的清廉官吏。

汤斌(公元 1627—1687 年)，河南睢州人，是康熙朝理学名臣，有名的清官，任江苏巡抚时，对朝中权贵丝毫不打点。康熙帝下令蠲免钱粮，为在江苏执行这一命令，大学士明珠、户部尚书余国柱要求汤斌交纳部费四十万两银子，实际索贿四十万，汤斌坚决不给。到了考核地方官的大计年头，江苏布政使、按察使心想，不给主管大计事务的大学士和吏部尚书送礼，江苏的官员不会得到好评语，但是又不敢向汤斌讲，只好空手上北京送大计材料。汤斌不送礼引起中央大僚的不满，他却不怕给自己带来麻烦。他的家属随同到任所苏州，这里是纺织业的中心，商品经济最繁荣。可是汤斌的妻子儿子穿的却是布衣服，而且衣着很少。他们经常是冬天把夏天用的衣物送到当铺当点儿钱应付急用，到了夏季再把蚊帐赎出来。他们吃的很简单，都是素菜，还经常把荠菜挖来和豆腐一块煮着吃。儿子嫌没滋味，便买了一只鸡吃，汤斌在查帐时，见记有买鸡的事，问是谁干的。仆人说是公子让买的。汤斌便让儿子跪在院子里，责备他说："你以为苏州的鸡和老家河南一样便宜，能随便买来吃的？你要想吃鸡，不如回老家去。"他嫌苏州物价高，舍不得花钱买鸡吃。他又开导儿子，读书人只有在艰苦中磨炼，才能自立，将来才能到社会上做事。他又埋怨仆人不请示就听公子的话，胆大妄为，会搞贪赃的事，就把他驱逐出去。汤斌过生日，苏州缙绅知道他不收礼物，只给他做了一架寿屏送去，表示一点儿敬慕的意思，汤斌还是不要。人们告诉他，寿屏上的文章是名家汪琬写的。他为尊重汪琬，便叫人把文章抄录下来阅读，寿屏仍然退了回去。当地人知道他如此清廉，又因为他平常俭省吃豆腐汤、黄连汤，本人又姓汤，所以称他为“三汤”，说明他廉洁奉公，是个清官。汤斌离开苏州时，只有带来的几只破旧柳条箱。妻子上轿的时候不小心，把身上的破棉花絮弄掉在地上，见到的人被他们夫妇的清廉感动得流下热泪。他在苏州唯一添置的东西是一部《二十一史》。因为苏州是个文化城，书籍比别处便宜。后来汤斌进了京，任礼部尚书，管理詹事府事务，辅导皇太子，屡屡受人攻击，不久便去世了。同僚来吊唁，见遗体放在没有褥子的板床上，上身穿的是旧蓝丝袄，下身穿的是褐色布套。他的遗产只有八两俸银。尚书徐乾学看不过去，赠送二十两银子作为他的丧葬费用，这才把丧事料理了。

生活极其朴素的官员，似乎是自己跟自己过不去。有人不理解，说他们是伪装，不过是要个好名声，骗个官做做。汉武帝时御史大夫公孙弘穿着布衣服。汲黯揭露他说，身为三公，俸禄很高，故意穿布衣服，是诈伪，图好名声。武帝问公孙弘是不是这么回事，公孙弘承认是为沽名钓誉。所以生活检约的官僚，有一种是真诚的，还有一种是欺骗舆论的。王良等人属于前一类。他们不是矫廉假俭，而是自觉地过简朴的生活，他们不以奢华为美，而是以简朴为安。他们对亲戚、族人、朋友讲究义气，愿意和他们平分财富，自家生活贫困却在所不计。

清白家风传后人

前述含辛茹苦的官员，俭朴一生，有的连自身的安葬费都无着落，当然更没有金银财宝、田房店铺留给后人。他们这样做是不是绝情的人，是不是只要自己名誉的人呢？或者他们另有什么想法，会另外给子孙谋求一种产业呢？他们的家属为什么能听任其安排，而不要求经营富厚的产业呢？杨震曾说，如果人们把他的子孙看做是清白官员的后代，这就是他给他们的最好的遗产。这是杨震对待遗产的看法。那么这些清官到底对子孙的将来有什么设想和安排呢？

东汉的范迁是清官，先任河南尹，后为司徒。他原有一所宅院、百亩土地，后来全部给了他哥哥的儿子。他的妻子为自家孩子的生活担心，对他说："你有四个儿子，像孙叔敖的后人，贫困到无立锥之地，你还是应当给他们留一点儿遗产。"范迁不同意，回答说："我做着三公的高官，想的竟是谋求财产，怎么能给后人做个好榜样？"等到他谢世，家里连一石粮食也没有，更不要说其他产业了。他给后人留下的就是清廉的名声。

裴昭明(? ~ 公元 502 年)，为官清贫，调离长沙郡丞任所，没有路费回京城金陵；从兴安内史任上回到金陵，没有房屋住。也有人劝他搞点儿积蓄，他不以为然说，人生何必聚敛，一身生活之外,不要再有什么贪求了。假若本人集中了大量的财富,子孙不肖,到手里胡乱花销,不多久就散尽了,不如教导他们多读书,让他们能自立,这才是花不尽的产业。他实践了自己的主张,终身不积累财富。

不给儿孙留遗产,会碰到家属同意不同意的问题,事实上范迁的妻子就提出了异议,只是她的愿望未能实现。给儿子造福,厚积金银田业,使他们生活富裕、幸福,古人原有这种观念,也是做父亲的责任。清官不经营产业,不给儿孙遗留物质财富,是考虑了另一种遗产,即道德财富、精神财富,也可以说是舆论财富。在他们看来,物质财产是一时的,可以很快用尽,而精神财富是长久的,可以世代享用。因而在物质财富与精神财富两方面,他们选择了后一方面。这是一种明智的选择,表现出他们的胸怀博大,目光高远,对他们的子孙来说也更好;对社会来说有利于吏治清明,对社会前进有利。所以我们应当肯定清官的选择。当然,古代是家长制社会,家庭财产属于一家之长的父亲,即使儿子挣的钱,也属于父亲。家庭的事务,家长说了算,所以做官的父亲实现其做清官的意志,受家庭成员的干扰就比较少。这一点与现代社会大不相同,现代人要做清官,必须立志闯过家庭关。清官不留遗产,是相信子孙会给自己造福,相信他们有能力安排好自己的生活。做父亲的考虑得太多了,反而影响他们智慧的发展和创造力的发挥。“儿孙自有儿孙福”,做家长的常为儿孙担忧，在子孙成年之后，还要给他安排一切，提供现成的高级的物质享受，其实没有必要，这也是在害他们。如果大家都这样做，人类就很难进步了。

青史由来重立身

清官在赃官的包围之中，如果只是洁身自好，也当不成清官。他必须同赃官斗争才能实现自身的志向。所以很多清官同时又具有反对赃官的业绩。清官，反对贪官，两者其实是一回事。

京剧、评剧、梆子戏中有《铡美案》《秦香莲》《遇皇后》等剧目，都是歌颂铁面无私的清官包公的。包公即是宋代的包拯(公元999—1062年)，合肥人，进士出身，曾任广东端州知州。那里盛产砚台(端砚)。唐代端砚就很有名，宋代时端砚为贡品。前任太守借着给皇帝上供的名义，大量征敛端砚，达上供数量的几十倍。他把多余的送给朝中权贵，以联络感情。朝臣收受也视为当然的事情。包拯只按进贡的数量制作，不给权贵赠送。他离任的时候，一个端砚也没带走，可知他的廉洁奉公。宋仁宗的张贵妃的伯父张尧封，因外戚关系，很快升任三司使，主管财政。这时包拯担任监察御史，他与清官陈升之、吴奎弹劾张尧封，指出张尧封上任以来，各个地方难于应付中央的贪得无厌的需求，因而法制败坏，张尧封不适于担任三司使，宋仁宗遂将张尧封改用为户部侍郎。这是一场反对中央官吏聚敛的斗争。包拯改官龙图阁直学士，权知开封府。京师多达官贵人，向来难于治理，但包拯立身正直，敢于依法管理，所以贵戚宦官不敢胡作非为，百姓也很害怕。据说有这么一个故事。一个百姓犯了法，应当受杖刑，他便向吏役送礼。受礼的小吏知道，要想包拯不办他的罪是不可能的，于是想出一个主意，使自己挨一些打，以分担犯人所受的刑杖，也就不白受人家的贿赂了。他的办法是在审案时，让犯人大声辩白，小吏从而要求重打犯人，不必多问口供。这使包拯怀疑小吏受了犯人的仇家的贿赂，并认为他滥使权力，结果把小吏打了一顿，对犯人倒放宽了惩罚。这件事是包拯上了小吏的当，小吏是因为掌握了包拯疾恶如仇的性格，这也从另一个侧面证明了包拯正直的特点。三司使张方平以官员的身份买民间产业，包拯奏参，使他落职。后来包拯出任三司使，当时凡供皇宫用的物品，都是由州郡上供，实则是向百姓巧取豪夺。包拯改变这一做法，他用公款到市场去购买应用的物品，免得滋扰百姓。包拯自律严格，从不为私事而忌恨别人，也不因为是老朋友、亲戚而徇情枉法。虽然官至枢密副使，但穿着、用具、饮食，如同没有做官时一样。他痛恨贪污，特地订立一条家法，不许子孙贪赃枉法。家法说：后世子孙出仕，如有犯贪赃罪的，不承认他是包氏子孙，死了也不能安葬在包氏祖坟里。

他的愿望是想杜绝包家出贪官污吏,以保持祖先的清白和吏治的清明,他为此奋斗了一生。

明人蒋瑶,官扬州知府。公元1519年明武宗自称威武大将军,游历南直隶,带了一大批佞幸、宦官,于冬天到达扬州。扬州是繁华富庶的地区,这些人打定主意要在这里大捞一把。蒋瑶为尽量少向民间征敛,只供应皇帝必须的用品和膳食,也没有上供金银玉器和扬州特产。佞幸们大失所望,想方设法迫使蒋瑶改变态度。佞臣江彬要夺富民的巨宅给威武副将军、安边伯朱泰居住,蒋瑶坚决不同意。江彬把蒋瑶关闭在空房里,对他百般侮辱,又拿着武宗赐给的铜瓜,扬言要把蒋瑶打死,蒋瑶就是不让步。武宗得到一尾大鱼,开玩笑地说它值五百两银子。江彬故意拿给蒋瑶,要他买下,蒋瑶回家拿了妻子的耳环、自己的衣服面见武宗,说扬州府库没有银子,我家还有这点儿东西,拿它算是买鱼的钱吧,武宗只好作罢。扬州有琼花观,武宗叫蒋瑶送琼花,蒋瑶回说,宋徽宗、钦宗被金朝俘虏时,这种花就已绝迹了,今天到哪里去找!意思是那个东西是亡国的征兆,不可要。武宗又叫献奇珍异宝,蒋瑶奏称那些东西不是扬州地方出产的,没得可献。武宗生气地问:“苧白布难道不是扬州的特产吗?”蒋瑶没有办法,只好上贡五百匹苧白布。正是由于蒋瑶想方设法抵挡皇帝和佞幸的婪索,扬州百姓才少被扒一层皮,但是蒋瑶个人却遭了殃。当武宗北返时,蒋瑶送行,太监丘得用铁链把他锁闭起来，一直让他跟到山东临清，才放他回任所。扬州人见他回来，都感动得哭了。后来蒋瑶调离扬州，当地人建造祠堂纪念他。蒋瑶后来升任工部尚书，管理北京营建事务。当时造房应当使用京城军士，但京城军士都被权贵们调去为自家营建服务去了，政府只得征召民工，每年需要花二百万两银子。蒋瑶为整饬弊端，一方面请求减少工程，一方面让权贵们交出军士，减少雇工的费用，这也是一种反对贪占的斗争，他胜利了。他个人生活俭朴，退职之后，居住在偏僻的陋巷里，与友人结社作诗，享年八十九岁。

于成龙(公元 1612—1684 年)，字北溟，山西永济人。公元 1656 年出任湖北罗城县令时已经四十五岁，出发前他给友人写信，表示去做官不是为了解决自家的穿衣吃饭问题，而是要凭天理良心办事。他仕宦近三十年，始终与贪官作斗争，自己清苦异常，实践了出仕之初的心愿。他死后，康熙帝赐谥“清端”，为他的祠堂书写“高行清粹”的匾额，是对他清廉一生的高度评价。于成龙初仕的时候，清朝还没有完全统一全国，随后又有三藩之乱，当时国家急需医治战争的创伤，不能劳民伤财，于成龙深深懂得这个道理。在罗城，他的衙门十分简陋，用土坯垒成台子当办公桌，用荆条编成笆子做大门。他的生活用具只有一口锅、一个饭盆。他经常出访，了解百姓的疾苦。人们被他的行为所感动，虽然贫困，但到时就交纳田赋。一般官员们在征钱粮时，都要多收一些钱，叫做“火耗”。于成龙一点儿不多要，百姓们心里过意不去，便主动多放一些钱在土桌上，要求他收下，并劝他说：“老爷不收火耗，不给自己弄钱改善伙食，我们留这一点儿给老爷买壶酒喝还不行吗？”成龙在罗城的时间长了，仆人见跟他没有多少油水可捞，就离开了他，他便独身一人生活。当地人可怜他，每天早晨都有人来问安，有时送些钱，于成龙都哭着辞谢了，并说，我一个人吃得了多少东西？你们把钱拿回去，孝敬你们的父母，我就高兴了，也如同我自己吃了一样。一次，于成龙的家属来探视，百姓听说了很高兴，以为这一次可以送东西了。他们把钱物送到成龙住所，说是给你家里的。哪知成龙却说：“我老家离这里六千里远，一个人带着东西不是累赘吗？”结果还是没要。于成龙在罗城任职七年，后来升任四川合州知州，他没有回家探亲，径直赴任去了。罗城百姓送出几百里，被劝回去。一个算命的瞎子还要继续送行，成龙问他原因，他说，路途遥远，我估计老爷盘费不够，我有一技在身，或许能帮助老爷。成龙只得和他一齐走。果不出瞎子所料，半路上遇到雨天，行走困难，走了好长时间还没到。成龙的钱花完了，只好靠瞎子算命挣钱做生活费，最后才到达目的地。知府向合州下公文要鱼，成龙告诉他，别看合州下属有三个县，但只有数百人纳税，税银仅有十五两，百姓苦极了，不但这次不能给鱼，以后也不能给。公元 1678 年成龙由湖北道员调任福建按察使。出发之前派人去买萝卜，而且要买几百斤。人们不理解，笑着说，这是便宜东西，买这么多做什么。他说，路上当饭吃。当时八旗兵平定耿精忠的叛乱，把一些平民当作罪人惩办，又把几万名青年男女役使为奴隶，成龙指着妇女儿童说，这些人怎么能是叛乱分子，积点儿德，把他们放了吧。他又送钱给八旗官兵，官兵们只好放了那些人。成龙自己有时穷得饭也吃不上，也没有衣服可以出当换钱买米，一天只好吃一顿饭。来往的官员不相信他真不贪财，到他办公室和卧室去看，除了公文卷册没有别的东西，不得不感叹地说，于成龙的清苦是百官中数第一的。公元1680年，成龙出任直隶巡抚，青县知县赵履谦贪赃枉法，成龙教育他，他不改，遂参劾他。次年成龙面见康熙帝，推荐他在湖北任上知道的清官谢锡衮、何如玉、罗京等人。后来他调任两江总督，只带着小儿子，不用驿站车马，自雇了一辆驴车，住宿旅舍，不到驿馆打扰。在江宁只吃青菜，或者就一点儿咸菜，当地人把他叫“于青菜”。一天夜里他饿了，要煮点儿稀饭充饥，竟然没有米，只好饿了一夜。衙门里的仆役没有茶叶，便采摘后院的槐树叶当茶喝，树都被采秃了。到了冬天，成龙的儿子最好的穿戴是木棉袍，没有皮衣服。遇到荒年，成龙把糠、米和在一起煮粥吃，客人来了也是吃这个。他还劝别人也这样做，省下钱救济贫民。由于总督清廉，江宁的官员不敢互相送礼，收受贿赂，连过端午节也不敢相互送粽子。这样，一些贪官便对成龙怀恨在心，散布他的谣言。副都御史马世济在江宁听到一些闲话，回京弹劾成龙年老多病，受中军田万侯的欺蔽，吏部因而建议让成龙退休。后来还是康熙帝保护了他，让他留任。学士锡住到东南沿海考察，回京告诉康熙帝："于成龙确实做官清廉，但轻信僚属。"康熙帝说，像于成龙这样的人天下有几个？说他坏话的人是和他合不来的，不能轻信。康熙帝拿于成龙作例子，号召官员廉洁奉公。于成龙死在江宁任所，由于家属不在身边，由江宁将军及两江总督衙门里的官员给他料理后事。在他的寝室里官员们发现，于成龙只有一件袍子，一双靴子，几斛米，几碗盐和豆豉，银子三两，铜钱两千文。一个堂堂总督的财产和一个贫民差不多，可见他能与百姓共甘苦。所以他做官的地方——江宁、苏州、黄州都给他建立了祠堂，缅怀这个清官。

俗语说"脚正不怕鞋歪"。自家不贪污，不受贿，不行贿，不送礼，别人就挑不出毛病来，与贪浊官吏作斗争，才能理直气壮。清官不仅有胆量反对浊官，也有可能实现目的，因为他们清廉，得到正直势力和民间的拥护，具有权威性，能够推行整饬吏治政策。清官要实现廉洁奉公，还必须同贪污现象作斗争，否则他就不能存身。古代像包拯、于成龙这样的清官少，赃官多，清官就更难能可贵，要在历史上给他们一席地位，要把他们的清廉思想传给后人，作为后人反贪污的借鉴。

精研学艺　古今传扬

张华、陶渊明、玄奘、韩愈、陆贽、苏轼、谈迁、万宝常、洪亮吉、汤斌等人的故事，读者也许还记得，他们除了砥砺方面的成就外，还是政论家、经学家、史学家、文学家、艺术家、佛学家、博物学家，在各自研究的领域里有杰出的贡献。现在介绍一些学者，看他们是如何从事学术研究，如何经过刻苦钻研取得学术上的成功的。这些人中有政治思想家，对当时和后世人的政治生活起了重大作用。这其中有文学、史学、哲学作品流传下来，是后世学术发展的依据，也是后人的精神财富。

只要提起汉武帝的“罢黜百家，独尊儒术”的政策，必然会说到董仲舒(公元前 179—前 104 年)。董仲舒一生经历过三种磨炼。一是苦读。他是研究经学的，年轻时重点学习《春秋》，后来讲学，收的徒弟很多。他一个劲儿地读书，连他的学生也难于见他一面。他家里有一个花园，三年没去过一趟。二是仕途坎坷。他在汉景帝时做博士，汉武帝时任江都相，辅佐易王。易王是武帝的哥哥，很难伺候。这期间董仲舒遭人暗算，差点儿被处死，后被降为中大夫，又受人捉弄，被任命为胶西王相。胶西王也是武帝的哥哥，和易王一样骄横不法。董仲舒怕获罪，便请病假，结果被免职。按照董仲舒的学术地位，他可以做到丞相，可是他并没当上大官，反而受到惩治。三是他把精力用在研究学问、写作上，终身不经营产业，不求生活的享乐。汉武帝为政治上的治理，三次下诏书询问古今治乱的道理和天人关系(即自然现象、阴阳、五行与人类社会状况是什么关系)。董仲舒三次应诏上书，陈述看法，又著作《春秋繁露》一书，阐述他的观点。他认为天有意志，创造了人，因此人应当服从于天，而了解、贯彻天意的人便是天子。他说，天创造的人，就其本性可区分为三种类型：一种是圣人，一种是大逆不道的人，再一种是有善质但没有表现出善的人。这后一类人最多，他们善的素质，要经过圣人的教化才能显现出来。他认为，圣人就是王。他从文字学来解释：三个横道，表示天、地、人，当中一竖相连，谁能够联系这三方面，只有王。因此这王是受命于天来治理人的，换句话说臣民受天子的统治，是天经地义的，合理的，不可改变的。当然，天子也应秉承天意，治民要有道，不能胡来。天会用自然现象来表示他对天子治理的看法，若世道好，天就降祥瑞，如甘露、瑞谷等；若天子行暴政，天会惩罚他，于是就发生地震、水灾、旱灾、虫灾。所以人世间的变化和天意是联系在一起的，董仲舒把它叫做“天人感应”。这就是董仲舒的君权神授学说。他肯定了封建君主制的合理性，因而汉武帝以及后世的封建统治者，都把它规定为官方哲学。天人感应说，体现在祯祥灾害上，穿凿附会，难于自圆其说，有的帝王深信不移，有的就不太相信。相当一部分君主拿所谓祥瑞粉饰自己的政治，作为长久统治的一种手段。也有的皇帝以为自然灾变是上天对他治理发出的警告，因而改善恶劣的政治。董仲舒的天人感应说对后世政治影响很大，他也被奉进孔庙，尊为“哲人”，成为先秦之后儒家的主要代表。

王充（公元27—约97年）的学术见解与儒家的唯心论不同，他主张唯物主义。王充是会稽上虞人，出身小族，少年丧父，家里十分贫穷。后来他到首都洛阳求学，拜《汉书》作者班固的父亲班彪为师，读书欲望强烈。他因为穷，买不起书，就到书铺看人家卖的书。他读书时特别认真，能过目不忘，学问大有长进，后来便回到故乡教书。他在郡里当功曹，因与郡守意见不合，辞职不干，潜心研究学术。他在窗台、门边、墙壁四周放上刀笔，以便随时写作，可见他做学问之劳苦。功夫不负苦心人，他终于写出了名著《论衡》，抒发了他的宇宙观和人生观。他发扬先秦以来关于“精”“气”的唯物主义自然观，用当时所能达到的自然科学知识解释自然现象。他认为，天地万物是物质属性的“气”构成的，日月星辰的运行不是天意的表现，而是自然界自身的规律；云雨霜露的出现也不是天命的征兆，而是地上发生的自然现象。他说，天没有嘴、眼睛，没有意志，没有目的，不可能向任何人发出什么警告，也不可能干涉人间的任何事情。这样，他实际上否定了董仲舒的“天人感应论”。王充还利用大量的事实，推理论证。他说，人死了，形体腐朽，精神也就不存在了，所以根本没有神鬼，以此和神学唯心主义论战。王充认为人的知识来源于客观实际，是眼睛看到的，耳朵听到的，即先有感性认识。对于人类社会的历史，王充持有进化的看法。他说，上古时代的人们吃的是兽肉，喝的是兽血，穿的是兽皮，住的是山洞；后世的人们吃五谷食粮，饮用井水，穿布帛，住房屋，比上古进步了。他具体比较了周代与汉代的社会文明，指出，汉代在国家统一、生产发展等方面超过了周代。他还认为国家的治与乱与人民的经济生活有一定关系。他说，礼让产生于物质富余，争夺起源于物质不足，因此搞好生产，增加财富，才是社会安定的基础，这是对儒家只讲仁义不讲功利的批评，也是对统治者把百姓看作是乱民的统治思想的批判。当然王充所处的时代，使他对社会矛盾的本质缺乏科学的认识，他的历史观中还存在宿命论、循环论的观点，他认为是命运主宰人的吉凶。伍子胥被吴王夫差杀死，比干被商纣王剖心是命不好；而卑贱出身的伊尹、吕尚(姜太公)辅佐商汤、周武王是命好。总之，以朴素唯物论著称的王充，在中国学术史上占有重要的地位。

文学家左思(约公元250—约305年)创作之艰苦，类似于王充。左思字太冲，西晋临淄(今山东淄博)人。少年学习钟繇书法，鼓琴，都没有成功。其父殿中侍御史左雍对朋友讲，左思的记忆和理解能力，不如我小时候。左思深深感到羞耻，发愤读书，改变不能坚持的毛病。他对文学创作有兴趣，喜好作诗、赋，用一年的功夫，写出《齐都赋》。他的家住在洛阳，他熟读前人文章，对西汉司马相如的《子虚之赋》、东汉班固的《两都赋》、张衡的《两京赋》尤其爱好。那时三国鼎立的局面刚结束，他想写魏都邺、吴都建康、蜀都成都，搜集这三个都城的历史、地理、物产、人文的资料。他不满足书本上的材料，经常向人求教。著作郎张载去过四川，道经剑阁，作铭文纪录该地形势和历史，左思遂向他了解蜀中的情况。为掌握更多的东西，他还请求做秘书郎，以便观览政府档案材料。他边学习，边构思，边起草，在居室、院内、厕所各处，都放置纸笔，每想到一个好句子，立刻写下来。经过十年时间，他终于写出《三都赋》。高士皇甫谧读后给予很高评价，并为它作序。司空张华赞叹它是与《两都赋》《两京赋》同一水平的著作。张载给其中的魏都赋作注释，中书郎刘逵给吴、蜀都写注，卫权又为《三都赋》作《略解》。吴郡的文学家陆机初到洛阳，也想写三都赋，听说左思要写，笑着对其弟陆云说，听说北方佬要作三都赋，等着拿它作我盖酒坛子的纸，即不相信左思能写出好作品。及至阅读《三都赋》之后，他非常佩服，认为不可能写得再好了，便取消了自己创作这一题材的计划。《三都赋》的名声很大，京城富贵之家竞相抄写，用的纸很多，纸价上涨，“洛阳纸贵”的成语因此而来。左思还作有《咏史》诗，借古事讽谏时事。他的诗文，原编成文集，已佚失。今有《左太冲集》。

葛洪(公元284—364年)在他撰著的《抱朴子》序言中说他自己：对权贵之家，虽近在咫尺，并不走动接近；对有知识的人，虽远隔万水千山，必设法拜访。序言中所讲的完全是他经历的实情。他是东晋丹阳句容(今属江苏)人，号抱朴子，十三岁丧父，务农种田，历尽披星戴月、饥寒交迫的劳苦。在战争年代，他家的书，不是被乱兵拿走，就是被火烧掉了。在农暇的时候，他想读书，便打柴卖钱，买来纸笔，晚上写字读书。为了节约纸张，他把纸的正反面都写得密密麻麻的，没纸的时候，他就用柴禾在地上炼习写字。他平常不好交游，但若为寻找一部书，为向专家求教一个问题，走几千里路也在所不惜。他为觅求异书，弃官不做，到洛阳搜集。到了老年，朝廷要拜他为散骑常侍，主持撰修国史，他坚决不上任，一心钻研炼丹术。他听交趾出丹，便要求到那里担任句扁县令。晋元帝认为他资历高，不让他出任这种低级职务，他请求说，我不是为了荣利，是为炼丹，很乐意到那里就职。元帝见他真心实意，也就同意了。葛洪遂带领儿子、侄儿出发，到了广州。刺史邓嶽不让他再前进，要他做东官太守，他不同意，但也不能到句扁了。遂停留在罗浮山，炼丹著书。他的作品很多，有《金匮药方》《神仙传》《西京杂记》，最著名的是《抱朴子》。《抱朴子》分内、外篇，共七十卷。内篇讲神仙鬼怪、消灾却祸、养生延年的事，具体叙述了矿物炼丹药，炼金银的方法，成为今存最早的炼丹术文献，阐发了道家观点；外篇讲人间得失，评论世事，所用理论属于儒家的。葛洪学问庞杂，学术领域宽广，主要是对道教的发展做出了重要贡献。他因为炼丹、提炼方药、讲究养生术，对于化学、医学的发展均做出了贡献，成为古代有名的道教理论家、化学家、炼丹术家。

鸠摩罗什(公元 344—413 年)，父天竺人，母龟兹人，生于龟兹(今新疆库车)，七岁与其母一齐出家，自此开始艰苦研习佛教教义。九岁随母到克什米尔，从师学习佛经。每日课程念诵一万一千偈，一偈三十二字，也就是每天阅读三万两千字。十二岁到沙勒，学习大乘教派经典。二十岁被龟兹王迎回国，不久以高深的佛学造诣，闻名于西域和中国。他的母亲认为他有力量使佛教向东方传播，但说这对他本人很不利，因为她预见传教的艰苦。但是鸠摩罗什不以为意，他的志愿是弘扬佛教，受多少苦也不怕。果然，艰苦的磨炼降临到他身上。前秦皇帝苻坚希望他能到长安宣讲佛法，派将军吕光率领七万军队西征，打败龟兹国，强迫鸠摩罗什娶妻，并带他向东行走，实际上他是俘虏。在路上，吕光听到苻坚已被杀害，遂在姑藏建立后凉政权。吕光不崇佛，鸠摩罗什仍潜心研究佛教宗旨，后秦姚兴灭掉后凉，把鸠摩罗什迎到长安，待以国师礼，使他领导僧肇、僧叡等八百余人翻译佛经。他精通梵文和汉文，译经力求表达准确。他和弟子译出《摩诃般若波罗密经》《金刚经》《妙法莲华经》《阿弥陀经》《维摩诘经》《中论》《百论》《十二门论》等三十五部二百九十四卷(一说七十四部三百八十四卷)，他成为我国古代四大译经家之一。他的译著的流行，对中国佛教的发展起了重大作用。其中《法华经》成为天台宗信奉的主要经典；《中论》《百论》《十二门论》的三论为三论宗所依据的主要典籍；《阿弥陀经》成为净土宗依据的经典之一；《金刚经》传播广泛，对禅宗的形成有着直接的影响。

颜之推(公元531—约590年)在《观我生赋》中写道："予一生而三化，备荼苦而蓼辛。"这是说他曾经历三次亡国的痛苦，几次被俘的侮辱。颜之推生活在南北朝后期，当时战争频繁。他出身于仕族，十九岁出任萧梁湘东王国左常侍。侯景乱梁时，攻下郢州，颜之推成为俘虏。侯景几次要杀他，因人解救，遂被囚送建业。侯景失败后，他到了江陵，被梁孝元帝(原湘东王)任命为散骑常侍。梁元帝被西魏灭亡，之推再一次成为囚徒，后逃亡到北齐，出任中书舍人。他想找机会回到梁朝，但陈朝取代了梁朝，他就彻底地失去了故国。颜之推文字功夫好，被齐后主用为黄门侍郎。北周进攻北齐，连连得手，颜之推向齐后主建议招募南方人打仗，并投向陈朝。丞相高阿那肱欲将齐后主出卖给北周,便向后主进谗言陷害颜之推。之推的计策还未实现,北齐便被北周灭亡了。颜之推做了周官。隋朝代周,颜之推改仕隋朝,但他在周、隋都没有被重用。他很后悔,说若不是读书出仕,就做农夫,安于贫贱,倒没有那些耻辱。他虽然这样说,并没有忘却总结人生经验,写出《颜氏家训》二十篇,讲如何做人和理家,如何处理家庭人际关系,以期按照儒家的要求,使家业绵延不绝。他的经历复杂,不幸遭遇又多,富有社会经验,总结出的为人处世道理,在古代很有实用性。《颜氏家训》内容丰富,还是研究南北朝历史以及伦理学史、文学史、音韵学史的好材料。

王勃、杨炯、卢照邻、骆宾王四人,被称为唐初"四杰"。他们和萧何、韩信、张良被誉为汉初"三杰"不同,萧、韩、张是政治人物,而王、杨、卢、骆是文学家。这四杰除了文学上有成就的共同点之外,还都是一生坎坷的人。他们的文学造诣大约来源于他们这种生活上的磨难。

王勃(公元650—676年),字子安,唐绛州龙门人(今山西河津),聪明又能苦读。六岁能写很好的文章;九岁读颜师古注的《汉书》,指出其中的谬误,写出《指瑕》篇;不到二十岁,对策朝廷,被授为朝散郎,又被沛王召进府中,撰写《平台秘略》。那时诸王爱好斗鸡,王勃为此作了游戏文章。唐高宗认为他结交诸王,是不妥当的人,把他罢职。王勃由得意变成失意,受到重大打击,遂客游剑南。在剑南,他追思诸葛亮的功业,很想有作为,但又不可能，就把自己的感慨写在诗歌里。他听说虢州多草药，经过请求，去就任参军。但他生活上不注意小节，恃才傲物，得罪了同僚。众人又因嫉妒他的才华，一齐诋毁他。他隐藏犯罪的官奴，因为害怕被别人发现，便把官奴害死，被论处死刑，后遇到大赦，被免除官职。他的父亲也因为他犯了罪被降为交趾令。王勃去看望他，路过南昌，作《滕王阁序》，写出“落霞与孤鹜齐飞，秋水共长天一色”的名句，才华横溢，为人所佩服。他写文章，下笔之前，思索极苦。据说他写作以前，磨好墨，喝足酒，蒙上被子睡大觉，等到醒来，提笔就写，一挥而就，不用修改。可以想象，他卧床是在构思文章的主旨、结构以至措词遣字。想好了，爬起来就写，所以才能行文流畅，一气呵成。当时人管他的酝酿写作叫作打“腹稿”，今天我们也常说打腹稿，这是一种写作方法。王勃作有文集，后散佚。明朝人为他辑录在一起，题名《王子安集》。后来王勃到交趾去看望父亲，因溺水，受惊而死，时年二十八岁(一说二十九岁)。

杨炯(公元650—约693年)，自幼聪敏好学，十二岁被举为神童。他曾任职校书郎，后晋升詹事司直。徐敬业起兵反对武则天执政，杨炯的堂弟杨神让参预其事，杨炯受株连，被贬官。后又出任盈川令，不久死去。有文集三十卷，散佚，明人编辑成《盈川集》。

卢照邻(约公元635—约689年)，唐幽州范阳(今河北涿县)

人，博学善文，任邓王府典签。邓王十分看重他，认为他有司马相如的才华。他患有风痹症，脚痉挛，一只手失去感觉，曾向道士寻求方药，又到山区疗养，但始终未好，身体越来越坏。他仕途上一直不得意，曾写过《五悲文》《释疾文》，以抒发自身的痛苦，后来实再熬不过去，便与亲属告别，投水自杀。他的诗文多愁苦之音。后人辑成《幽忧子集》。

骆宾王以替徐敬业写作《讨武瞾檄》而闻名后世。他七岁便能赋诗，作《帝京篇》，当时人们以为是绝唱。他曾任长安主簿，武则天当政时，他几次上书议论政事，不被采纳，后改任临海丞，很不如意，遂弃官为民。徐敬业起兵，骆宾王投其麾下。武则天开始读他写的檄文时，谈笑自若，蔑视檄文。但她越读越严肃起来，后问是谁起草的，左右告诉是骆宾王，武则天认为他是人才，没有把他罗致到朝廷，是宰相的失职。可知骆宾王的檄文如何打动人心，不管文中对武则天如何评价，都是传世的文章。徐敬业失败，骆宾王亡命江湖(一说被朝廷杀害)，其善骈文，诗多悲愤之作，有《骆宾王文集》。

南北朝时期宫体诗流行，崇尚艳丽的辞藻，内容细小琐碎。王杨卢骆虽然还没有完全摆脱前辈的影响，有些诗赋表现出在华丽上下功夫，但整体说他们都有意变前朝惟事雕琢的遗风，注意内容，对时事关注，文旨博宏，文气飘逸，暴露了社会的黑暗面。杨炯的边塞诗很有气势。他们在改变诗歌创作的风气上做出贡献。他们还擅长五言律诗，在古诗向律诗、绝句发展方面，也有重要作用。

陆羽(公元733—804年)被称作“茶神”，他身世卑贱，成就功业比常人更加困难，磨炼得更痛苦。陆羽是唐复州竟陵(今湖北天门)人，在孩提时代被遗弃，一个和尚收养了他。年幼，不知忌讳，一次，他问师父没有后嗣怎么称得孝顺，这等于是责骂和尚不结婚生子是不孝。所以和尚恼怒，罚他打扫厕所，干些脏活，又让他牧放三十头牛。陆羽只得忍受。他一边做活，一边学习，拿着竹枝骑在牛背上写字。有一天，他得到张衡的《南都赋》，读不通，便端坐着，嘴里啧啧发出声音，像上学的儿童那样。师父看了，很不高兴，把他关起来，不让他吃饭，还让他割草。他因为不认字，精神上感到十分痛苦，又遭到和尚的鞭打，于是大哭一场，逃出寺庙。但他又怕被和尚发现，便偷偷地做优伶，后来在州里做伶师。当时优伶的社会地位很低，所幸的是太守李齐物见陆羽勤恳好学，便教他读书。陆羽心直口快，看到别人的毛病，非要去规劝，得罪人也在所不惜。他为人讲信用，答应人家的事情，遇到暴雨大雪、虎豹挡路的困难，也要去完成。后来他有了些名气，政府给他官做，他不去，隐居苕溪，闭门著作。他以嗜茶闻名，曾写作《茶经》。御史大夫李季卿到江南巡察，路过临淮，曾与当地品茶专家常伯熊一起品茶，及至江南，当地人推荐陆羽与他论茶。陆羽便带着茶具去见李季卿，李季卿看不起陆羽的出身，不愿接待。陆羽忍受了侮辱，又作《毁茶论》。他的《茶经》是古代饮茶经典作品，书中阐述了制茶的原料，烹煎的方法，饮用的器具，以及茶叶名称，茶叶品种，用水的考究，用火的材料，煮沸的程度等等，形成了茶道的专门学问。唐人已出现饮茶的习惯，《茶经》的问世更加促进了饮茶风尚的流行。当时卖茶的，把陶制的陆羽像放在烹茶的房间，当作茶神供奉。唐朝周边少数民族用马匹换茶，形成茶马贸易，据说也是受了内地饮茶风尚的影响。

许多青年读过《醉翁亭记》，它的作者欧阳修(公元1007—1072年)是文学家，也是史学家，著作《新五代史》《新唐书》《欧阳文忠集》《集古录》《归田录》等书。他晚年作《读书》诗：

吾生本寒儒，老尚把书卷。眼力虽已疲，心志殊未倦。……念昔始从师，力学希仕宦。岂敢取声名，惟期脱贫贱。忘食日已晡，然薪夜寝旦。谓言得志后，便可焚笔砚。少偿辛苦时，惟事寝与饭。岁月不我留，一生今过半。……古人重温故，官事幸有间。乃知读书勤，其乐固无限。少而干禄利，老而忘忧患。……筑室颍水岸，平生颇论述。铨次加点窜，庶几垂后世。

这首诗概述了他前期读书是为了出仕做官，后期读书则为给后世留下有益的著作，也表明了他的一生是勤学和写作的一生，是不知疲劳，不知休息与娱乐的一生。欧阳修的母亲郑氏被其父休弃，在欧阳修四岁时其父又死去。欧阳修少年受郑氏教训，家贫好学，缺少纸笔，就用荻在地上写字。一个偶然的机会，他得到韩愈的遗稿，读后对韩愈非常崇拜，对当时的文风很不满意，立志寻找改变文坛风气的道路，创造自己的写作风格，欲与韩愈并驾齐驱。有了这个宏愿，他便更加忘寝废餐地自修。中进士后，与尹洙、梅尧臣交游，分别同他们讨论古文、诗歌的写作，因而进步很快，以至天下人都知道他的文章出众。前面提及的范仲淹反对章献太后临朝听政。被罢官，为多数朝臣同情。司谏高若讷拥护太后，认为范仲淹被罢官不冤枉。欧阳修当时任馆阁校勘，便给高若讷写信，责备他是不知人间还有羞耻二字的小人。高若讷告密，欧阳修被贬为夷陵县令。他想在那里读书，但因为那是小县，找不到书读，便每日仔细阅看县府档案。后来他发现县府审案误枉的情况十分严重，因此警告自己，从政一定要谨慎，不要办错事、错案。由此可见欧阳修善于砥砺自己。范仲淹的案子，使朝臣分为两党，担任龙图阁直学士、河北都转运使的欧阳修再次遭到厄运，被贬为滁州知州，公元 1061 年出任参知政事，后又降为亳州知州。无论在官场上如何起落不定，欧阳修对写作却极其认真。他曾给宰相韩琦在故里相州的画绵堂作记，有句"仕宦至将相，富贵是故乡"的句子，韩琦非常欣赏这篇文章。又过了几天，欧阳修派人送来改定稿，承认原来的文章不好。

韩琦打开看了几遍，没有看出与前文不同的地方，再仔细对照，才发现只在"仕宦""富贵"下面各加一个"而"字，但文义读来更加流畅。欧阳修就是这样精益求精。晚年欧阳修修订平生文章，苦思苦索，绞尽脑汁。夫人薛氏看了心疼，劝他说：“这么一把年纪了，何苦这么费神。”又开玩笑地说，难道你还和年轻时一样怕先生嗔怪你文章写得不好？欧阳修笑着回答说：“现在倒不是怕前辈老师，是怕后生看了笑话。”文章为千古之事，欧阳修就是以这样的一丝不苟的精神对待它，因而在文史方面有杰出贡献，被誉为“唐宋八大家”之一。他的文章力图突破前人的窠臼，反对当时社会流行的崇尚险怪奇涩的太学体。公元1057年他主持科举考试，凡是这类文字即不录取。许多考生拦着他的马吵闹，巡街的士兵来了也不能制止。但是欧阳修坚持己见，终于改变了科场文风。欧阳修自己的文章，论理深刻，简洁明了，说服力强；诗词抒情委婉，极能感人。他撰写的《新五代史》，与宋祁合著的《新唐书》，体现了他的文风，与《旧唐书》《旧五代史》并存于二十五史之中，成为研究唐、五代史的基本史籍。他搜集历代金石遗文四百余篇，作出题跋，汇编成《集古录》，是我国古器物学的奠基作之一。

傅维麟在他的《明书·丘濬传》中说，丘濬平生有三个常人所做不到的特点。第一是好学，至老手不释卷。丘濬(公元1420—1495年)，琼山人，幼年丧父，跟随母亲李氏学识字。家贫无书，又处于边疆，借书也难，他常常走几百里路去借书，不达目的，绝不中止。他因读书用力太多，晚年右眼失明，依然披阅不辍。第二是为人正直。明代宦官势力大，他绝不给宦官作文章。第三是廉洁。他历官编修、学士、国子祭酒、礼部尚书、大学士，仕宦四十年，虽住宅狭窄，却始终没有改变。丘濬为官讲究实效，做学问力求致用。他参加《明英宗实录》的写作，涉及到前述砥砺名节的于谦历史。有的史官主张按他被害时的谋叛罪名书写，丘濬尊重历史，说于公保存明朝社稷，我们应当给他辩诬。结果《实录》对于谦做了如实的反映。丘濬个人著作有《琼台类稿》《家礼节仪》《朱子学的》，最有名的是《大学衍义补》。宋人真德秀撰著《大学衍义》，讲修身、齐家的道理，没有结合社会现实，说明治国平天下的理论。丘濬立意弥补真氏的缺陷，从经学、史学及诸子百家的作品中，搜集治理国事、平定天下的内容，分门别类加以编辑，并结合明朝实际，发表自己的见解。该书关乎国计民生，明孝宗认为它有补于政治，下令内阁讨论实行。可惜的是，当政者并没有能把它付诸实施。但该书影响颇大，曾流传到朝鲜。公元1740年李朝英宗君臣给该书以很高的评价。公元1798年正宗又说它是治国的大经大法，一生喜好读它，并且边读边抄。

人们说到明末清初的思想家，必定以顾炎武、黄宗羲、王夫之为代表，这三人都是南方人，其实山西的傅山、关中的李颙、河南的孙奇逢、河北的颜元也都是了不起的学者，不过他们都是北方人，北方不及南方文化发展，他们也被后人宣传得少，但他们确是北方砥砺学术的杰出代表。

顾炎武(公元1613—1682年),江苏昆山人,学者称他为亭林先生。在祖父的指导下,顾炎武十三四岁便读完了《资治通鉴》,开始阅读邸钞(类似今天的报纸)。他读书刻苦,严格执行学习计划。在熟读基本文献之后,还要反复温习。青少年时,他每年春夏之间复习经书,请四个人作伴,每人轮流朗读经文,顾炎武仔细听着,遇到不同于自己原来读过的本子的地方,或者自己记不清的地方,就叫暂停,弄清或记住了再接着念。一人读二十张纸,一天要复习两百页书。与此同时,他参加复社活动,关心政事,不满宦官干政。清军下江南,他的嗣母王氏自杀,要求他具有明人气节,不投降清朝。顾炎武投入抗清斗争。失败后,家里一个仆人要告密,顾炎武把他淹死,后被告发。朋友为营救他,求助降于清朝的旧明臣钱谦益,钱表示可以收炎武为门生,友人私自答应了,并代炎武写了拜师的帖子。顾炎武蔑视没有气节的钱谦益,不同意,要求钱归还帖子,否则就要公开说明事情真相,钱只好作罢。这件事表明顾炎武重气节,宁受难,不变节。后来顾炎武经人援救,未受制裁。但他在家乡不好停留了,又想了解天下形势,在第五次到南京拜谒明孝陵之后,北上山东,在章邱垦田。公元1658年,他北游京畿,到昌平瞻仰明十三陵,表示对故国的思念,次年回故乡,并游览会稽,不久北行,由山西到关中。公元1664年他在雁门垦田,公元1667年到淮安,次年自山东到北京。这时莱州发生了黄氏案件,顾炎武无辜被牵连，他到山东听审得学者李因笃营救，重新到北京，从此遍游北方，历经十年。每到一地均访问风俗，搜集材料，进行研究。公元1677年他第六次拜谒明崇祯帝思陵，到陕西华阴定居。当时他已是六十五岁的老人了。清朝举行博学宏词科和撰修《明史》，罗致明朝遗老，皆征召顾炎武，炎武坚决不应试、不应聘，绝不同清朝合作。他在清朝生活近四十年，始终以汉民族气节砥砺自身。他在黄河流域上下奔波，实地考察，并把考察结果与书本知识结合起来。他出门，用两匹马、两匹骡子驮载图书。白天行走，晚上看书，到了关津隘口险要地方，找老兵和退伍的军人询问当地情形，若与他平日所积累的知识不相同，他就停下来，在旅舍里翻书，把事情弄明白了再走；若走在平原上，没有特殊的景物需要观览，则在马背上复习青年时代读过的经书。他怀着强烈的求知欲，把旅途的辛劳置之度外，得到了实际知识，弥补了书本知识的不足，在移徙不定的环境中研究了学问。他博览了二十一史、明十三朝实录、地图、各地方的志书、文集、笔记以及邸钞，结合实地考察学的知识，写出《天下郡国利病书》一百二十卷，内容包括山川沿革、风俗、赋役、屯垦、水利、漕运、兵防、马政、盐政、民变，侧重在赋役和防务上，是研究明代社会经济、政治的重要著作，也是顾炎武经世致用学问的代表作。明代中后期，学术界有空谈性理的毛病。顾炎武从明朝亡国的史实中，更看到这种学风的弊病。他提倡“博学于文”“行己有耻”。他不是让人泛泛地博览群书，做蠹书虫；也不是讲求做八股文，混个一官半职；而是要通过广泛阅读，掌握与国计民生有关的各种知识，熟悉天下大事，以备应用。如果知识不丰富，不会做人做事，就是人生的耻辱。这种要求实际上是主张做学问要经世致用，有益于社会的进步。顾炎武还说：“保天下者，匹夫之贱，与有责焉耳矣”。后人把这句话概括为“天下兴亡，匹夫有责”，鼓励人们关心国事。总之，顾炎武提倡实学，成为清代经世致用之学的先驱，开创一代学风。他的这种学术思想，还体现在他对经学、音韵学、金石学、历史学、天文学的研究中。他撰著《肇域志》，是《天下郡国利病书》的姊妹篇，还著有《日知录》《音学五书》《五经异同》《金石文字论》《顾亭林诗文集》等书。顾炎武读书有作笔记的习惯，晚年整理成《日知录》一书，对所叙述的事情，弄得清清楚楚，原原本本，是他做学问的结晶。这一部书，可以说是几十年的功夫做成的。顾炎武坚持不懈的治学精神和经世致用的学术思想，使他成为明末清初的杰出学者和思想家。

顾炎武曾说：“坚苦力学，无师而成，吾不如李颙。”道出李颙艰苦力学的特点。李颙(公元1627—1705年)陕西盩厔(今周至)人，自称“二曲土室病夫”，其父死于明末农民战争，与母彭氏相依为命。彭氏总是以忠孝节义要求他。他家很穷，一天只能吃一顿饭，有时一连几天揭不开锅，但是他却经得起饥寒的煎熬。有人同情他，给他帮助，他均不接受。在政治上他不与清朝合作。公元1673年,陕西总督以隐逸推荐他,他自称是病废的人,卧床不起,躲过一次征召。公元1679年被举为博学鸿儒,陕西地方大官到他家逼迫他去北京应试,他不同意。地方官硬把他放在床上抬着上路,他便采取绝食的方法来抗拒。到了第六天,他又要自刭,官员们害怕了,准他告了病假,免去进京一行。在学问上,他和黄宗羲、孙奇逢被当时文化界尊为“三大儒”。他在关中授徒,又到江南讲学,大受欢迎,常州人特地建延陵书院纪念他。北方人被请到文化中心的江南讲学,可见他的学术地位之高。他原来主张经世的学问,曾著有《帝学宏纲》《经世蠡测》《时务急策》等书,但后来他自己又把这些书毁掉了,又撰写《十三经注疏纠缪》《二十一史纠缪》《易说》《富平答问》等经史著作。门人辑有《二曲集》《四书反身录》流传于世。他的学术观点,倾向陆九渊心学,亦吸收理学的观点,强调把理论变为自己的实践,要能改过自新,反对空谈。

顾炎武还说:“肃然物外,自得天机,吾不如傅山。”傅山(公元1607—1684年),字青主,山西阳曲人,明清之际思想家。傅山明末时为秀才,当时政治混乱,公元1736年,诸生爱戴的山西提学袁继咸受到巡按御史张孙振陷害,下到北京监狱审问。傅山主持正义,邀约曹良直等山西学生到北京上书,为袁氏鸣冤。通政司不接受诸生文书,傅山就写《辨误公揭》,投放各衙门和大学士家。张孙振仇恨傅山,又找不到他的弱点,乃以整治他的弟弟傅止来威胁他。但是傅山毫不动摇，和诸生继续在京活动，经过三次上书，使袁继咸冤情大白。清朝入主中原以后，傅山采取反抗、不合作的态度。他穿起道士的服装，和家人离开家乡，流浪各地，避居在土窑里，自号“朱衣道人”，表示不做清朝的顺民。大概由于这个缘故，公元1654年他被牵连进一个反叛案子当中。公元1679年，清朝政府征召他参加博学鸿词科，但他以死拒不应试。清朝政府下不了台，任命他为内阁中书，他也不接受，托老病辞归故里。傅山博通经史和佛道的学问，对《汉书》《史记》爱不释手，每当读到游侠刺客传，他便高兴异常。他教授儿子傅眉《史记》《汉书》《庄子》《离骚》，对《左传》也很有研究。在严寒的冬天，他的手冻得伸不出来，还给两个孙子讲解《左传》。他著有《霜红龛集》《荀子评注》《两汉人名韵》等书。他在政治上，主张社稷重于君主，为了政权的安危可以更换帝王。同时认为社会比君主更重要，所以他说：“天下者，非一人之天下，天下之天下也。”他把皇帝看作是平常人，赞扬对皇帝表现出傲骨的人。傅山的这些观点，已有前人或他的同时人提出，似乎并不新鲜，但他对君主持分析态度，或多或少地反映他在思考君主专制的神圣性。傅山还是医学大师，入清以后，以行医为生。他根据对医学的钻研，写出《傅青主女科》《傅青主男科》(有他人托傅山的名义作的说法)。他对于金石篆刻和书法亦有精湛的研究，被清代名诗人赵执信推崇为入清以来的第一位书画家。

砥砺风操　为人典范

有的人经过磨琢，在他活动的社会领域里有独特的表现，当时就被人发现，互相传诵；或者当世人知道的不多，但被载入史籍，后世读书人知晓了，加以赞扬。同代人、后代人都来崇拜他们，学习他们的为人行事，因而做出成绩。前人的砥砺，成了后人前进的动力。砥砺，也就是以一种社会风气，形成精神力量作用于社会。社会风操，内容广泛，前述砥砺名节、事功、廉洁奉公，当人们形成共识，若干人去追求时，就成为社会风习。读书仕进更是古代历久不衰的社会风尚。不过民族气节、忠节、廉节、事功，都是大节问题，关乎到国家、民族政权的兴亡，人民的生计。现在要讲的风操，是指隐居不仕的情操，孝义的风范，助人为乐的情怀。当人们致力于这种情操的实践时，便会形成为社会风尚，会对社会生活起重大作用。

读书人，有条件做官而不出仕，隐居乡里，与劳动者交朋友，古代把这种人叫做隐士。放着荣华富贵不摘取，偏要做平民，是什么力量在支配他，他要经历怎样的磨炼才能成功，今天又应当如何看待隐士的行为呢？

太原人王霸，少年时清高自负，对官场的钻营不感兴趣。当王莽代替汉朝当皇帝时，他见世道大乱，更不和官宦结交。汉光武帝刘秀建立东汉，征召他到洛阳，任命为尚书。他见到光武帝时自称名字，不称臣。别人问他为什么，他说，不是所有的人都是天子的臣僚，表示不愿意做官。因为他的名气很大，司徒侯霸要把官位让给他。有个叫闫阳的县令诋毁他说，太原人多是春秋时晋国公族的后人，这些人以家世有根基，互相标榜，善于欺诈，到西汉时还是这样，敢于和官府对抗，不好治理；王霸也有太原人的毛病，不值得尊重。司徒侯霸听了这些话，打消了推荐王霸的念头。王霸告病回到老家，居住在茅屋里，以务农为生。他有个朋友令狐子伯，这时做楚王相。子伯的儿子供职郡功曹。一次，子伯叫他儿子给王霸送信，这位令狐公子穿着华丽的衣服，乘着高头马车，带着仆从，风风光光地来到王家。王霸的儿子正在地里干活，听说来了客人，扔下耒具急急忙忙地跑回家。一见雍容华贵的客人，心里立刻凉下来了，心想人家也是与自己一般年纪，而人家是什么样？自己浑身泥土，晒得黑不溜秋，满手老茧，内心感到惭愧，对客人看都不敢看了，更不能进行有礼貌的交谈。这种情形，王霸都看在眼里，觉得对不起儿子，心里烦闷，便躺倒了。他的妻子早先十分理解丈夫的不做官，现在不知道丈夫为什么生气，再三询问，王霸这才告诉她：“我和令狐子伯原是同样社会地位的人，只因我退出官场，看人家的儿子风度翩翩，举止文明，再看我的儿子蓬头散发，不知礼法，他感到惭愧。我想到两个方面，一是他小看我们自己，不懂得父子恩情的深重；二是我不做官，没有给儿子准备走向上流社会的条件，所以我也苦恼。妻子听后劝他说："你少年就不愿意高官厚禄，这是一种清高的高贵，令狐家是富贵的高贵，这两种高贵，我看你比他强。你向来清高，现在不能为提高儿女的地位出去做官，不值得改变素常的志愿。"王霸觉得有道理，笑着起了床，终身做隐士。是做官，是当隐士，人各有志，暂不评说。但做隐士不容易，要克服荣华富贵的诱惑，要取得家人的理解和支持，共同渡过清贫的生活，确要有一番砥节磨砺的功夫。

写作脍炙人口的《桃花源记》的陶渊明(公元 365—427 年)就以王霸为楷模教育他的儿子。陶渊明又名陶潜，东晋浔阳柴桑(今江西九江)人，他不为五斗米折腰的故事为人所熟知，这里不作赘述。他辞官之后，南朝宋征召他做著作郎，他拒绝前往，从此不仕，耕种自食。他认为，做官不对，隐居才是正道。他怡情于大自然，栽种花木和农作物，到了园圃，兴致就上来了，听着鸟鸣，就有了生气。他不常出门，地方长官要见他，他也拒不应承。他劳动并不在行，家里很穷，房子不蔽风雨，缸瓢空空的，他自己穿着短衣衫，和老农一个样，倒觉得很自在。但是他有个心病，就是怕儿子不理解。他给儿子写了一篇训词，说自己年过半百，家里穷困，因为自己隐居，才使你们幼小就有饥寒的痛苦，但是常常想到王霸妻子的话，只有一床破被子盖，也不必对儿子惭愧。他用王霸夫妇的事迹教训孩子。有王霸夫妻的感触在前，陶渊明做好了思想准备，早早训子，不会再有王霸一度出现过的忧惭。

“举案齐眉”的典故，想来许多青年读者已经知道了。梁鸿是扶风人，原来在太学读书，理解力很强，读书范围广泛。学成之后，不去做官，从事养猪。一天，他家不小心失了火，把邻居的房屋也烧了，便主动赔偿，把所有的猪都给了邻人。但邻人还嫌不够。梁鸿便给邻人干活做补偿。他干得很辛苦，早晚不休息。乡亲看不过去，共同责备那家人，要他把猪还给梁鸿，梁鸿不要猪，离开了那家。扶风人因而认为梁鸿是高尚的人，几家有财势的人争着要把女儿嫁给他，他不乐意。孟光是又胖又丑的姑娘，力气蛮大，不愿轻易嫁人，但是敬慕梁鸿；梁鸿引为知己，聘她为妻。成婚的时候，孟光穿上丝织衣服，涂脂抹粉，一副华丽气派。梁鸿见了，不答理她。过了七天，孟光忍受不住了，问他为什么。梁鸿说，我要隐居山林，找一个勤劳女子作伴，看来你做不到。孟光说，我是要试试你的心思才这样打扮的，说着换上了布衣，干起活来。梁鸿这才高兴地说，你真是我所需要的妻子。过了一段时间，孟光问梁鸿，看你没有避世的表示，是否想当官？梁鸿为了表示不仕的决心，搬到霸陵山中居住。他们男耕女织，闲时读书弹琴，又给前世高尚人士作颂，表示仰慕的心情。汉肃宗访求梁鸿，梁鸿便改了姓名，和孟光经过齐鲁，到达江南，靠给人家做佣工过活，闲暇便写书，后死于吴郡，并安葬在那里，孟光带着儿子返回老家。梁鸿在孟光的帮助下实现了隐士的愿望。

在中国古代，每当乱世，政权更替频繁，就有一些人看不惯当政者的作风，也不愿意朝秦暮楚，于是隐居乡里，不问政事。在古人的观念里，臣子对皇帝固然要尽忠，但多少也有一点做客思想，合适了就留下来，不合适则离去，到乡间去隐居。隐士们洁身自好，宁肯牺牲富贵，也不愿意同污浊的政治合流，这是他们高雅的一面，他们希望子孙理解的就在这里。隐居的人不问政事，既不在政治上作恶，也不为民除害，去促进政治的清明。洁身自好就显得为人心地狭小，虽然在不仕这一点上克服了名缰利索的羁绊，但不能说他们心胸豁达。合则留、不合则去的思想，在强调忠君观念的古代不被提倡，其实这种人有一些个性，不盲目忠君，这种思想要求清明政治，有积极意义。但凡一个政权初建，要求各方面的支持者，不希望有隐士，所以总派人去征召逸民。明智的统治者也不打击他们，有他们的存在也体现出政治上的融洽、宽容，有利于政权的稳定。

隐士之所以成为隐士，除自身砥砺之外，还要靠家庭的支持，要像王霸夫人、孟光那样，能克服凤冠霞帔的引诱，勤劳作苦，甘当农妇。隐士，是合家共同努力实现的。

“父叫子亡，不死不孝”，这种吃人的孝道，不讲道理，可恨到极点。但在古人的孝道中，隐藏着如何处理父子、家人关系的内容，表面上全是孝道，实际上也有人际关系的合理成分。

西晋人王褒，他的父亲是晋文帝的属官，为人正直，如实说明文帝的错误，被杀害。王褒少年崇尚气节，博学多能，痛恨晋朝无故杀死其父，平生落座，不把脸朝着西晋首都洛阳，表示不与其合作。西晋中央和地方政府征召、辟举他出来做官，前后达十次之多，他坚持不仕，西晋也拿他没有办法。王褒把住宅建造在父亲的坟墓旁，以便早晚去墓前祭扫。他孝养母亲，母亲死后，他在父母墓前，经常读诵《诗经》上的“哀哀父母，生我劬劳”的句子，表示对父母的抚养恩情念念不忘。他全家劳动，按照人口的需要种田、养蚕，够吃穿就满足了。他把知识传授给学生，有一个门徒被县里征去服徭役，因他名气大，求老师给县令写封书信免除他的劳役，他不愿意和政府通关节，没有答应，但给学生准备了干粮、盐、豉、草鞋供学生做工时食用穿着。他自己还提着干粮，叫儿子拿着盐、鞋送门人上路。他的其他门徒和乡邻一千多人追随他，县官以为他是来看自己的，衣冠齐整地出城迎接他，岂知他避立道旁，说我为服役的门生来送行，边说边流泪和学生拉手告别。县令看到这种情形，放免了该生的徭役。王褒为屈死的父亲讲孝道，不同暴君合作，对学生讲究师生情谊，他的孝就不是愚孝，他重友情但又很讲原则，是个可敬的人。

西晋邓攸出身在官宦人家，幼年丧亲，与弟弟相依为命，后弟亡。他历官吏部郎、河东太守。时值五胡进入中原，邓攸全家被石勒俘虏，但他总想投奔南方司马氏政权。当石勒部队打到泗水，他用牛马负载妻、儿及侄儿邓绥逃命，路上遇到盗贼，抢了他的牛马，他们只好步行。孩子走不动，他便挑着担子，一头放一个，这样走得很慢，他又怕被石勒追上，便和妻子商量，如果这两个孩子都要，走得太慢，很容易被追上，不如只要一个，还可以逃脱。要谁呢？弟弟已经故世，只有一个遗胤，不能丢掉，还是扔掉自己的儿子吧！如果我们能活下去，还可以再生，还可以有后人。妻子觉得他的话有理，哭着把自己的孩子抛弃，夫妇二人携带侄儿赶快走了。可是到了晚上休息时，他们的儿子竟然赶来了。第二天早上，邓攸一狠心，把儿子绑在树上，使孩子再也跟不上他们。邓攸在东晋任吴郡太守，刑政清明，百姓欢悦。他因病离职时，郡里按惯例送钱数百万，他一个也没要，是个清官，最后做到宰相。大约是逃难路上惊吓吃苦的缘故，邓攸的妻子不能再生育，他们终身无子。邓攸弃亲子存侄儿，与前述元曲《赵氏孤儿》的情节类似，不过那是戏曲，邓攸是真事，他笃于兄弟友情。儒家讲兄弟之义，长幼有序，兄友弟恭，实质是讲兄长统理弟弟。但这不是单方面的，做长兄的要对弟弟友爱，邓攸是真正做到了这个要求。

北宋人朱寿昌，其母刘氏是其父朱巽任京兆太守时的出妾。刘氏生寿昌后把他交给朱家,便与朱家断绝往来,另嫁同州党姓,生有几个儿子。寿昌以父荫出仕,任四川阆州知州。豪民雍子良屡次杀人,买通穷人代他服刑。寿昌审明原委,将雍子良正法。寿昌一面做官,一面寻求生母,派人四处探访也没结果。因思念母亲,对饮食衣着全不在意。这样过了五十年,最后他下决心亲自寻觅。于是辞了官,到陕西一个地方、一个地方地查询,终于找到了生母,把刘氏和她的儿子接回家中供养。北宋的制度和社会风俗,对于再嫁的妇女还不太歧视,官员可以给再嫁母守丧，达官贵人家的女子再嫁的也不少。朱寿昌迎回出母,当时人认为他是大孝子,互相传颂。王安石、苏颂、苏轼等写诗词赞美他。刘氏死后,寿昌痛苦异常,几乎把眼睛哭瞎,对待同母的弟弟、妹妹更加照顾。寿昌不仅对母、弟如此,对其他家人也非常友爱,兄弟遗留下两个侄女,他给了很多陪嫁,使她们成婚。

对王褒、朱寿昌等人的孝行要做分析,逆来顺受的孝,跟从父兄作恶的孝,或隐恶姑容的孝,以及割股割肝治疗双亲的愚蠢的孝,都是封建主义的内容,应当严肃批判,不能效法。其实古代家庭伦理不只是这些内容，它还讲父亲要对子女慈爱,兄长要爱护弟妹,夫妻关系不仅是夫唱妇随——妻子从夫,丈夫也要照顾妻子，使妻子能过上幸福的生活。古代统治者竭力提倡孝顺、恭顺，湮没了家庭关系中正常的一面。后人批判封建孝道，是完全应当的，但也忽视了家庭人际关系中融洽的一面，亲人间互相关照的一面，即家庭内的爱。前面所说的孝行或许能弥补这种缺欠。

古代在家庭行孝的人，到社会上往往讲求义气，乐于助人，这是把家庭的爱，扩大到邻里乡亲的范围。

晋代庾衮，出身士族，晋武帝咸宁年间(公元275—279年)瘟疫流行，庾衮的两个哥哥得病死了，二哥庾毗也染病在身。他的父母、伯、叔、兄弟外出逃命，要求他一齐走，他却要留下照顾二哥，坚决不离家，服侍了庾毗一百多天。庾毗好了，瘟疫也没了。他的亲人返回家门，称赞他的笃于亲情，为平常人所不能做到的。庾衮父亲不愿出仕，家里很穷。父亲死后，他制造竹篮子出卖，供养母亲，为母亲能吃得好些，他勤力编作。其母不忍心，说我吃不了那么多东西，他却说母亲要吃得不痛快，做儿子的心里难受，其母也就安心地受用了。庾衮的前妻荀氏、继室乐氏都是仕宦富家出身，带来很多嫁妆，见丈夫生活朴素，便把好衣裳收起来，财物送给别人，夫妻同甘共苦。庾衮对寡婶、寡嫂勤加奉养，抚育孤侄，尽量做到使他们忘掉自身是孤儿寡妇。他对死去父母的外甥郭秀的照顾比子侄还要好，好衣服、好食品先给他；嫁侄女庾芳陪送了好多东西，把老宅给了长兄的儿子庾赓、庾翕。庾衮好喝酒，父亲劝过他，以后一喝醉了，想起父亲的教导，便拿木棍打自己，决心改过。“八王之乱”的时候，庾衮和族人、乡亲逃到禹山。众人推举他为首领，他提出几条纪律：不欺辱邻居，不砍人家的树木，不做不德不义的事情。众人同意了，于是他率领大家营建坞堡。乱兵来攻打，见到庾衮布置周详，知道不能得手，自动退走。庾衮见世道还要乱下去，转移到林虑山，与当地人合作，使石勒部队没有能进入深山。他后来摔死在悬崖下。庾衮顾恤同宗，还为保卫乡亲出大力，义行重于乡里。所以他死的时候，林虑山的人痛哭哀悼，说老天太不公平，把他们的贤人夺去了。

南朝郭世道，会稽永兴人，出世母死，十四岁父亲过世，他孝养继母。家里穷，他就出去做佣工。妻子生下一个男孩，夫妻二人商议，养孩子就不能供养母亲，于是决定不要儿子。继母死了，亲戚帮助他办了丧事。他继续做工，把工钱先还给亲戚，不愿以母丧连累别人。一次他与友人到山阴卖东西，买主多给了一千钱，当时他们没有发觉，两人分钱时才知道。他说应当把钱退给人家，同伴笑他是傻子，不答应。他就单独追赶买主，自己赔上五百钱，把一千钱如数还给买主，买主感谢，要分给他一半，其实那正是他的钱，他也没有要。他这类孝义的事情被刘宋政府知道了，免除了他的赋役，还把他居住的独枫里改称孝行里。会稽太守要把他举为孝廉，他不同意。世道的儿子原平也是孝子，给人家当佣工，挣钱养活父母。世道死后，原平为营建坟墓，先学技术，又因没有钱，卖身为“十夫客”(接近奴隶地位的人)，给主家干活，得了工钱养活母亲，多余的准备赎身。由于他会造墓，雇他的人很多，他首先答应穷人家，要的工钱也不多，表现出同情穷苦人的心理。原平种瓜，用船运到钱塘出售，总是帮助别人推船。有时知道别人的船不好通行，便在那里等着，待船来后助人一臂之力。郡守要把他察举为孝廉，他和父亲一样没有答应。世道、原平父子不顾自身的贫困，砥砺自己，为乡邻做好事，尽管他们能力不大，但其精神可嘉。

南朝会稽山阴人严世期，乐于做善事，好给别人帮助。一个荒年，张迈等三家生下儿子，没法养活，要溺死。世期听说了，赶快跑去，挨家送衣服粮食，劝张迈等把孩子留下，于是三个孩子都保存下来。俞阻的妻子庄氏及女儿俞兰，都是寡妇，一个九十岁，一个七十岁，没有依赖，世期便养活了她们二十多年，还给她们处理了后事。世期同族人严弘、乡人潘伯等十五人荒年饿死，世期给他们买了棺材，一一殡葬，并抚育他的幼子。刘宋政府表彰他家是“义行严氏之间”，蠲免世期本身的徭役，十年不收他家的田赋。

会稽永兴吴翼之的母亲丁氏，年轻时便死了丈夫，主持家务，立志帮助贫苦人。遇到荒年，她把粮食衣服分送给邻里的穷人。邻居来求借，她没有不答应的。陈穰父母死后成为孤儿，丁氏收养了他，待他成年后还给他娶妻。邻里王礼的妻子徐氏逃荒死在山阴，丁氏买了棺材，亲自到山阴把她的尸体运回原籍安葬。有一年大雪，商贩不能活动，村里有好几家饥饿无食，丁氏按照他们的人口，一户户送给盐米。乡邻左侨家死了四口人，没钱安葬，丁氏给他们棺木。有的人家交不了赋税，丁氏代他们完纳。

东汉乐羊子的妻子以义气砥砺她的丈夫，也以此自勉。乐羊子是读书人，家里很穷，妻子纺织。一天，乐羊子拾到一块金子回来，妻子说："我听人讲，有一水叫'盗泉'，孔子听说这个名字，就不喝它的水。只是名称不好，水都不能喝，你怎么能把人家遗失的金子拿回家来，这哪里像仁人志士的行为！"羊子听了非常惭愧，把金子送回拾到的地方，并接受教训，远出寻师求学。出去一年归来，妻子问什么事，这么短时间就回来了。羊子说没有事情，只是想念你，回来看看。妻子见丈夫求学的意志不坚决，便拿起剪刀把织机上的绢剪断了，并且说："织帛先要养蚕，缫成丝，用丝在机上织，一点一点织成寸、成尺、成丈，才能成一匹。我现在把它剪断了，前功尽弃，再织就要费很多的时间。你读书也是这样，日积月累。你一回来，中断了，再拾起来，就费时间了。"她剪帛劝学，使羊子大为感动，便又回到老师身边，一学七年，学业圆满了，才返回家园。有一次，邻家的鸡到了羊子家，羊子的母亲把它杀了吃。羊子妻对着鸡肉哭泣，婆婆问她为什么不吃还哭。她说我恨自己没有能力，贫穷，买不起鸡孝敬婆婆，而让婆母吃人家的鸡。婆婆听后内心不安，鸡肉也不吃了。因为羊子出门在外，有个强盗要强奸羊子妻，先把她的婆婆劫持住，羊子妻听到动静，拿着刀从卧室走出来。强盗叫她把刀放下，跟他走，不然杀死她婆婆。羊子妻见没法救婆母，用刀自杀了，强盗遂不敢杀她婆母，逃跑了。东汉政府知道了她的事，捕杀了盗贼，为她举行葬礼，赐号“贞义”。乐羊子妻不贪不义之财，深明大义；从小事情上做起，言行一致；不怕贫穷，艰苦劳作；保护婆母，不惜一死。东汉政府在贞节上做文章，我们则更敬重她砥砺义行和识大体的举动。

以上讲到的“义”，是救苦救难的义，是帮助应当受到援助的人，不是不分青红皂白，只讲哥们儿义气，不问是非。哥们儿义气，不加分析，一意乱行。助人行义，则是美德，应当见义勇为。其实严世期、丁氏等的义行，是实行社会救济。古代没有什么社会福利可讲，而砥励于乐善好施的人，所实行的社会救济，对穷苦人是好事。

励志教育　国之大业

古代官办学校不发达，中央和地方政府所办的学校，容纳的生徒也极其有限。人们读书，大多靠家塾和私人设的学校。所以古代私人办学很兴盛。伟大的教育家孔子从事教学，朱熹的教授门徒，皆为众人习知。他们是以学者的身份兴办教育。清朝末年文盲武训以设立学堂为砥砺方向，历史上虽不多见，但不失为一种办学类型。考虑到《中华文化集粹丛书》有《薪传篇》，这里对古代教育不作赘述，只介绍几位砥砺兴学的人。

马融(公元 79—166 年)，东汉扶风(今陕西)人，以经学家著称于史，还应当说他是民间的大教育家，跟随他学习经的常有一千多人。马融开始向隐士挚恂求学，受到老师的赏识，把女儿嫁给他，后出仕为校书郎中，因反对朝廷的重文轻武方针，被压抑十年不得调迁，后请求退职，惹怒朝廷，被禁闭六年。禁戒解除后，他出任南郡太守，忤逆了大将军梁冀，被打成贪污犯，发配到朔方郡，被释放后出任议郎，不感兴趣，遂告病回家，教授生徒。马融学问通达，在汉代今文经学和古文经学两个学派斗争中，他主张古文经学，对儒家的经典《论语》《孝经》《诗经》《易经》《三礼》《尚书》等皆予注释，成为古文经学的大家。由于他学识渊博，追随他的学子很多。因为人数太多，他不能亲自一一指导，便以造诣高的门生，辅导晚来的学生。有的学生来了几年了，还没有听过一次老师讲授。马融教学也有一个特点，就是让学生讨论，他来指导，对有见解的学生，大加鼓励。他教学还有一个特点，前面给学生讲课，后边听女乐演奏，当然这当中用纱帐隔开了，不让学生观看。如此行为，不同于后来的儒学教师那么严肃，板着面孔。他死时八十八岁，以高龄办学不辍。他教的学生，有的很有成就，如卢植(? —公元192年)，专心学习，受到马融重视，被曹操称作"名著海内，学为儒宗，士之楷模，国之桢干"。

同样是马融高徒的，还有郑玄。郑玄(公元127—200年)，北海高密人。本身是经学家，也是教育家。郑玄少年时不满于做乡啬夫，父亲责备他，他也不听，于是到洛阳太学读书，学习今文经学。这时东郡张恭祖在讲授古文尚书，他转投其门下，但不能满足。其后，他又经过卢植介绍，西入关中，投到马融帐下求知。一住三年，见不到老师，只听师兄指点。但他毫不泄气，日夜苦读，学有成就。马融听人说他算术学得最好，便和他面谈，他才有机会把疑难的问题一一摆出来请教。得到解释之后，郑玄觉得满意了，便辞别老师，回到家乡。马融在交谈时对他有进一步了解，很欣赏他的学问，他临走时，马融高兴地说："郑生东去，我的学问传到了东方。"果然，郑玄回乡后，继续钻研，教授门徒，互相讨论，与马融一样遍注群经，成为古文经学的集大成者。他所作《毛诗》《三礼》注，保存在至今流传于世的《十三经注疏》中，对后人学习有重要参考价值，由于他对古文经学的贡献，他的学问被后人称作"郑学"。郑玄家里贫穷，从关中回来，租赁田地耕种，并教授学生，学徒已有成百上千的人。但不幸的是宦官整治士人的党锢之祸发生，他被卷了进去，不得出仕，于是他便潜心研究经学。党禁解除之后，外戚大将军何进征辟他，他不愿做官，逃亡。这时他已是六十岁的老人了。弟子、河内郡人赵商等数千人从各地方来看望他，北海相孔融为尊敬他，把他的家乡改名为"郑公乡"。他死时，担任太守以下官吏的学生一千多人来送葬。门人郗虑官至御史大夫，王基、崔琰都成为当世的社会名流。

晋代范宣客居豫章，读书不辍，研讨儒学。政府征召做官，他不接受。他家很穷，茅屋破旧。别人敬重他，馈送财物，他一概不受。灾荒瘟疫流行的年头，他也谢绝赠予。他以教书为生，广收门徒。他的学问大，名声传播四方，爱好学习的人闻风而来。谯国人戴逵前来拜师求学，范宣见他和自己兴趣相投，便把侄女儿嫁给他。豫章太守范宁博通儒学，设立乡校，收纳数百名学子。经过范宣、范宁的倡导和执教，豫章人士渐渐喜好儒学，形成风气。

学者办学,凡属有名气的,多半是不乐意出仕的隐士,他们经历了一番刻苦求学的过程,又克服富贵荣华的引诱,甘于寂寞,才热心于讲坛,传授知识。所以他们有两种砥砺内容,即致志于隐退和致力于教学。从人生道路讲,他们有不得意的一面,屡遭政治迫害。正因为如此,他们才能集中精力投到教书事业中来。如果是政治上飞黄腾达的人,哪里肯在教育上多费气力。所以古代有志于办教育的人, 多是隐士或政治上不得意的人。他们能把教育办好,也是意志坚强、善于克服困难的人。

不是学者, 而专心一意办学的代表人物应属武训 (公元1838~1896年)。武训,清山东堂邑(今山东聊城)武村人。出生时没有名字,人们管他叫武七。他家很穷,自幼乞讨过活。长大了当雇工,给人家推磨、搓绳子。他小时没有机会读书,不识字,见儿童上学,内心羡慕不已,有时跟着人家向学堂走,小孩们不高兴,反来戏弄他,使他受到很大刺激,深深感到穷人不能上学的痛苦。因此他想要能办所义学,不要钱,让穷人的孩子都来上学,就不会有自己这样的苦恼了,想得时间长了,就下了办义学的决心。设想容易,实行难。首先要攒钱,盖校舍,请老师。于是他把乞讨得来的钱积存起来,几年功夫,存了二百多吊。这时有个坏人想骗他的钱,对他说,你有了钱,放在自己手里,又不能生出钱来,你不如把它放出去,收利息。钱多了,你干什么都好办。武训听了有道理，但不知怎么收利息，那人自告奋勇，说我来代你管，武训就把所有的钱给了他。等到武训向他要时，他欺负武训老实，不但不给利息，连本钱也给吞了。武训气得生了一场大病。堂邑有个贡生杨树坊同情武训的遭遇，欣赏他的志愿，表示愿意帮助他。武训病好之后，又出门行乞、做工，还是一文钱也舍不得花。几年间又存了几百吊钱，便把它交给杨树坊放债。钱日益增多。杨看他年龄不小了，劝他娶妻生子。武训说，办义学是我最大的心愿，我这点儿钱用作结亲，就不能办学，我宁肯不结婚，也要把义学办起来。杨向他建议把学校设在武村，他不同意。原因是建立在本村，显得自己私心太重，以为只为本村儿童。同时学校在本村，村里人要是侵占校产，碍于情面，反倒不好管。他谋虑倒很深远，于是决定设在柳林。那里人多，需要上学的儿童也多。地址选好，便买田地，租给农民耕种，收取田租，作为学校的常年经费。最后盖起教室，学校就办起来了。校内设经馆和蒙馆，蒙馆教识字，请秀才做老师；经馆讲经书，请举人主讲。武训对他们特别讲礼貌，送给丰盛的束脩，恳请他们用心教育学童。开学典礼时，武训先向老师叩头；次后又拜学生，希望他们好好学习；接着举行宴会，请县里的绅士和塾师吃饭。他自认为是个乞丐，和老师不能同席，遂不上桌，站在门外伺候。等散了席，他才吃点儿剩饭。开学之后，武训常到学校观看。一个白天，他见老师在睡觉，就跪在床前。老师醒来后，很不好意思，从此不再昼寝。武训见学生嬉闹，也用下跪感化他们，使他们专心求学。武训不满足办一所学校，他继续乞讨存钱。凡是人家舍施多的，他必下跪称谢，口念颂词，为人祝福。他还是那么节省，讨饭得到的饼，只吃零碎的，把整个的留着出卖，又存了一笔钱。陆续在临清、馆陶设立义学，先后办成四所。由于他劳累过度，又没有好生活，五十多岁时死去，终身没有娶亲。他把毕生的精力都投到兴办义学上了，也得到了人们的尊敬，称他为“武善人”，给他在武林建立祠堂。

比武训略晚一点儿，车夫李凤林创办宣讲所。凤林是济南人，父母早逝，与伯母杨氏共同生活，以推车为生，每天回来，必定买一点儿好东西给杨氏吃，杨氏待他也如同亲生儿子。凤林生活在清朝光绪年间，眼见中国受外国侵略，产生强烈的爱国之情。他不识字，却知道读书可以明白道理，能关心国事，振兴国家，因此特别关心教育。他节衣缩食，把推车挣的钱留出一份，预备给学生做奖学金。一年冬天，他买了书籍、笔墨，捐赠给济南简字学堂。到了夏天，又捐草帽、纸扇，作为学校的奖品。他又看到没有受过教育的人太多，这些人很难懂得新鲜道理，思想不易开化，于是他就想创办宣讲所。教学用品置办齐全了，他就找到沈公臣等五人，给他们下跪提出请求，并希望他们讲授中注意开发民智，使众人明白捍卫国家、抵御外侮的道理。沈公臣等人答应了，他又叩头，代表民众表示感谢。他继续存钱，独家在济南府学门前另设简字学堂。为了能够保持下去，他把余钱交给绅士和有名望的老人经理，以便继续添置学校设备。在凤林办学过程中，杨氏大力支持。她自己昼夜纺织，或者给人家做针线活，把工钱省下来，交给凤林兴学。济南县令为表彰他们，分别给凤林、杨氏送“见义勇为”“急公好义”的挂匾。

清朝末年，还有一个扬州尼姑诚修兴办女学。诚修是明月庵住持。庵里有几十亩田，收入用不完，诚修便筹办女子学堂，将庵中西边的房子留作供佛念经的地方，其他的房屋用作教室，田租充作学校常年经费，还订立了校规，自任校长。学校办成之后，管理完善，受到远近人士的赞扬。诚修不顾自己礼佛、办学的劳累，还利用初一、十五拜佛的机会，邀请扬州城内外的老少妇女到庵里来，听她讲解天足的道理，来听的人很多。旧时中国妇女缠足，是对她们身体和精神的严重摧残。戊戌维新前后兴起放足运动，反对缠足，是妇女解放运动的一个重要内容。诚修就是用新思想来办学，促进女子解放事业。

王子江，北京人。少年开始做木工，为人聪明好学，手艺好，又能经营，逐渐开设木厂，积累的财产丰富。他回想幼年贫窘，没有读书的机会，只能做工，觉得不应当再让穷人的孩子经受这种痛苦，决心捐资创办义学，专收贫寒子弟。由于他财力雄厚，先后在北京城内外创办几十所义塾，每一所学校都有不动产，收入除给老师薪金，还供给学生膳食。他为办学，特别上心，孜孜筹划推广义塾的方法，坚持了十几年。到光绪初年，顺天府尹为表示支持兴办义塾，把王子江设立的义塾改归官办。哪知官僚不过是捞个为民办事的名誉，并不实心办事，致使王子江的义塾日渐败毁。

与王子江有类似情形的是浙江慈谿人叶成忠。他在上海做生意发了财，自叹幼年失学，吃了很多苦，于是想办启蒙教育，专门收录寒酸子弟。他捐出价值十万银子的一块土地做校址，又捐银十万于公元1900年起建校舍，尚未完工，他便病逝了。他的个儿子继承父志，将校舍建成竣工，并捐钱作为常年经费。次年学校建成，为纪念成忠，学校命名"澄衷学堂"(成忠，澄衷谐音)。学堂开始只有蒙学，后来增加商学。为培养师资，增办师范班。为使学堂适应社会需要，后改成中学。成忠办的学堂已不同于王子江的义塾，具有了近代学校的性质，更适合培养近代有用的人才。当时成忠建校时，这类学校极少，社会上守旧的人以为他是学洋人，忘掉祖先，予以责难。成忠父子毫不改变办学的初衷，把学校开办成功。此后，类似的学校陆续出现，澄衷学堂的创办，肇造举办新式学堂的风气，贡献尤大。

杨斯盛兴学，可以说是叶成忠办学方向的发展。斯盛是川沙县(今属上海市)人，幼年丧父，家里穷，祖上三代没有安葬。他开始做泥瓦工，后来经营建筑业，发了大财，后购买坟地，把三代祖先和亲族中贫穷没有后人的二十七具遗体全部安葬。他还为宗族建造祠堂，买田四百五十亩，所收租子除供祠堂祭祀应用，多余的救济同族的穷人。他识字不多，常常为此愤恨不平。他希望贫寒人家的子弟也有学习的机会，决心办义学。开始他在祠堂附设义塾，招收本族及亲戚子弟入学，又给川沙城里义学捐银，供其作常年经费。公元1902年，川沙县政府筹建两等小学，他捐银补充开办经费。公元1904年他又捐银在浦东办学，初议是建小学，后增办中学，又因社会上缺少初等教员，遂设立学制一年的师范简易科，公元1906年又在六里桥南建学校。江苏学政到上海视察，了解到斯盛致力兴学，上报学部，要求给予奖励。学部来文要斯盛报告履历以便表彰，然而斯盛是为平民子弟就学，不是为己图利，所以不给学部答复。在浦东的学校于公元1907年初正式开学，以“勤朴”作为校训，详订中学章程，设立董事会管理校务。斯盛增加捐银，设立基金会，保证学校经费充足。杨氏只出钱，不许子孙干涉学校业务，以免除不肖子孙的滋扰，力图使教育家有权把学校经理好。不久，斯盛积劳成疾，病逝。公元1910年江苏巡抚程德全以其“倾产兴学”上奏折，请求给予奖励，即将灭亡的清朝追赠斯盛盐运使职衔，下令国史馆为他立传。斯盛拿“勤朴”作校训，要求学生勤劳朴实，将来以真才实学贡献于社会，卑视怠惰和投机取巧，即学校不但教给学生文化知识，还要培养学生做道德高尚、有益社会的人。在十里洋场的上海，斯盛要求青年保持民族优良文化传统，可见他不仅出资办学，而且见解高明。

武训、杨斯盛等人的兴学，与马融、郑玄等人的办学有极其明显的差异。首先，武训等人自己不识字，或识字很少，自身不是学者，本来与教育无缘，但他们乐于兴学，这就是非常值得注意的事情；其次，他们从自家出身贫寒、幼年失学、缺少文化的痛苦中认识到给寒家子弟办学的重要。他们捐资兴学，不收学费，或者还供应伙食，办的是平民教育，这对普及文化也有意义；复次，他们是在近代办学，有了许多新的教育内容。李凤林的宣讲所，诚修的女学，宣传爱国主义，反对西方殖民主义者的侵略，主张女子的解放；上海的澄衷学堂等校，讲授中有了近代的文化知识，这些都是古人学塾所没有的。

致力于平民教育的人也有不同的情况，办学的宗旨、方法也受历史条件的局限。武训、李凤林是一种类型，始终处在贫贱地位，口中夺食，苦煎苦熬。为了办学，不惜一切。王子江、杨斯盛等人又是一种类型，先贫后富，有办学的经济力量，比武训等人条件要好。但我们也要看到，他们为办学而操劳，所付出的精力并不少于武训等人。这些学堂是他们砥砺精神的体现。还应当注意到的是，中国近代学校的出现，除官办以外，民办则来自叶成忠、杨斯盛等人的努力，他们开创设立近代学校的风气，这个作用是武训式的办学所不能比拟的。

结　语

读者已经了解了约一百位古人的砥砺事迹,他们驰骋的领域不同,业绩的大小也有差异。但是他们有一个相同的特点,就是都有坚韧不拔的精神,致力于苦干实干,给后人留下值得追忆的东西。包括砥砺精神在内的任何意识形态,都有它时代的烙印和特定内容,有当时人们崇尚的或反对的东西。用我们今天的话说,每一个时代有其特有的价值观念,对事物的价值取向不同,难得有永恒的东西。因此,我们今天论说古代的砥砺精神,要明确那是在古代社会条件下形成的,是适应那个时代的要求的。时代转变,道德伦理、思想意识必然要有相应的变化。那么古人的砥砺精神,在今天还有什么价值呢?能不能不加分析地全部继承或者全部否定呢?当然,无论采取哪种极端的态度都不合适。现在我们就对古人砥砺精神做个小结,以使我们能正确对待、继承、发扬。

一、磨炼出人才,成就大事业

磨炼造就人才。伟人的事实,不必重复了,但是磨炼如何产

生伟人,可以归纳为:

砥砺于学,开发智力。人的一生是学习的一生。致力于学习的人,将会得到比一般人更多的书本知识和实践知识。天分高的人聪明,即使天资平常的人也会逐渐聪明起来。这样在做人行事上,在从事政治活动、经济活动、文艺创作、学术研究方面,就会有较强甚或很强的本领,自然会做出成绩,以至能贡献于社会。

砥砺于行,艰苦奋斗。人要改变自己的环境、习惯,尤其是恶习,改变社会活动的条件和模式,立志相对容易,实践则非常困难,这要同自身的,社会的惰性作斗争。进行这种斗争,可能自己的条件很差,如前述那些古人幼年丧亲,家境贫寒,吃穿困乏,无书可读,无工可做,社会歧视,凌辱屡至。只有不甘屈服的人,努力改变现实,付出超乎常人的劳动,才能摆脱困境,有所行为。艰苦磨炼,埋头苦干,是走向功的道路。

坚持磨炼,产生韧性。困难随时在发展,克服一次、两次,还会有新的困难,甚或旧的问题没有解决,新的问题又出现了。没有一劳永逸的事情,磨炼必须坚持进行,长期实践,就像磨刀一样,刚磨过的刀锐利好使,用一段时间刀就钝了,就得再磨,再用久了,又会出现卷口以及缺口,再来淬火、研磨。人要继续前进,也需要不断磨炼,锻炼出韧性,有了耐久力,就能在克服一个个困难中不断进步,取得越来越多的成绩。

二、发扬砥砺精神，创造民族文化

评论古代的砥砺意识，要有历史的观念，要了解它和那个时代的关系及其价值；还要有现代的意识，即不迷信古人，对砥砺精神做实事求是的分析，肯定它的合理成分，批评它的非科学的内容，以利我们在新时代发扬优秀民族文化传统，创造新的精神文明。

大多数古人的砥砺目的在于博取富贵，提高个人的和家庭的社会地位及物质生活的享受，同时实现忠孝节义的伦理道德，成为忠臣、孝子、节妇、义仆。古人功名富贵和忠孝节义的观念，是封建主义的意识，是剥削制度的产物，适应旧时代统治阶级的要求。这种封建主义性质，应当否定，对那些经过刻苦努力取得成功的古人，在肯定他们砥砺精神的时候，需要批评他们的忠君观念和不分清红皂白地为一个君主、一姓王朝效忠的行为，要否定封建专制主义，否定以君主的是非为是非的观念；还需要批评他们的愚孝观念，割股剖肝的尽孝，遗弃、残害亲人而讲孝义，太不人道，是愚昧的行为，庐墓不仕，以全孝为人生目的的人也不可取；还需要批判他们不讲道理的哥们儿义气思想，为哥们儿两肋插刀，但这种磨炼害己害人；寡妇的砥砺贞节，为死去的丈夫而牺牲个人的生活，不足为训；为富贵而奋斗的人生观，今天看来显得很狭隘，往日视为伟人，今日竟成渺小。古人视为神圣的东西，今人却予以蔑视，就是因为时代的价值观念改变了。

要批判的东西是封建性的糟粕，但是我们对古人不能苛求,要理解他们所处的时代和历史所提供的条件,不可能设想他们广泛具有为大众谋福利的人生观,他们能超脱在忠孝节义的伦理观念之外。因此,我们评论古人砥砺精神,需要注意以下几点：

第一,不妨抽象一点儿,不必过多地考察砥砺的动机、效果,要看到砥砺是坚韧不拔,意志坚定,忍辱负重,不屈不挠,前仆后继,埋头苦干,吃苦耐劳的精神,这就是后人要继承的内容。

第二,后人可以把砥砺当作一种思维方式和训炼人的方法来运用。认识砥砺的必要,即明了人的成长,必须有个努力的过程,本人要自觉磨炼,他人要对其劝勉,社会要提供条件;培养人们获得坚韧不拔的毅力的方法,如树立理想,在学习中锻炼,在困苦中成长,亲人的严格要求和关照等。

第三,对古代砥砺内容也要做分析,如同古代人生观、伦理观一样,它也有值得肯定的地方。

古人对他们的人生观和道德观也做了一些区分,有着各种概念。一是君子和小人。君子识大体,顾大局,讲道理,为人正直,勇于牺牲;小人相反,图谋私利,不惜出卖民族国家,陷害君子,善于搞阴谋,施诡计。君子要在困难中磨炼,小人只要恣意而行。二是清廉与贪浊。清廉者办事明敏，廉洁奉公，清除弊端；贪污者婪索枉法，使世无公道；清廉者磨洗物欲，贪浊者任其泛滥。三是勤奋与怠惰。勤奋者埋头苦干，为我中华民族刻苦耐劳精神的创造者和体现者；怠惰者玩忽职守，无所事事，放任自流。四是俭朴与奢侈。俭朴者勤俭自矢，甘愿吃苦，对社会索取少，奉献多；奢侈者欲望无穷，贪图享受，很可能会玩物丧志，碌碌无为。五是诚实与虚伪。诚实者心胸坦荡，热忱待人；虚伪者心术不端，以骗人为得计。诚实与虚伪，清廉与贪浊，勤奋与怠惰，俭朴与奢侈，都可以归入君子与小人的范畴里，它使我们看到，在旧时代，同样在封建人生观和道德观指导下，却产生出君子和小人两种人，我们对他们需要区别看待，对君子总要肯定他们好的方面。前面讲的砥节砺行人物中，做忠臣的不乏具有民族气节，孝子显示出敬老的美德，义行者承担了社会救济的使命，官员中有以清正廉洁为奋斗目标的好官，这里面包涵着有利于社会发展的积极成分，今天需要有分析地吸收。总之，君子、诚实、清廉、俭朴是美德，是砥砺精神的实现。所以继承古代人生观、伦理观的优秀成分，也就是对砥砺精神的继承。

第四，发扬坚毅不拔，吃苦耐劳的精神。我们中华民族有勤劳勇敢的传统，它的形成有多种因素，如同自然作斗争，生产劳动、社会活动都是培养锻炼人们的勤劳勇敢精神，坚韧不拔的砥砺思想则是勤劳勇敢精神产生的文化根源。早在先秦时代我国就形成砥砺思想，孟子的苦其心志，劳其筋骨，饿其体肤，空乏其身，动心忍性的说教，就是这种思想形成的标志。《诗经》有云，“如切如磋，如琢如磨”，古人把人需要砥砺的道理，用玉石雕镂之后始成器物的生产常识来作比喻说明。孔子和子贡讲论切磋琢磨的条件，在于有理想。汉朝人作的《淮南子》说：“夫学，亦人之砥砺也。”明确指出完成学业，要靠砥砺精神来实现。砥砺思想武装人们的头脑，激发人们勤劳勇敢，不怕困难。我们今天继承古代的砥砺精神，发扬吃苦耐劳的品德，有着不可忽视的必要性和迫切性。日本有人告诫工作人员勤恳工作，说什么不要像中国人那样懒散。这话深深地刺痛着我们的心，但我们不必责怪人家说话刻薄，应反躬自省，我们是否存在这些问题。工作不负责，松松垮垮、拖拖拉拉的现象是相当严重的，出现这种现象的原因，不属本书探讨的范围，这里只须指出，古人吃苦耐劳精神的继承是刻不容缓的事情。

第五，讲求科学的工作方法和生活方式。古人磨炼中的一些做法，精神虽然很好，但不是科学的工作方法和生活方式，如日夜苦读，不注意休息，不进行身体锻炼，对健康不利；在月光下读书，映雪认字，可以说是不爱护眼睛；两耳不闻窗外事地死读书，脱离实际，不是好学风；隐居不仕，有高洁情趣，也有造成的特殊环境，但读书不用，总不值得提倡；生活俭约，到儿子吃一次鸡也要痛责一顿，有不近情理的嫌疑；为取得皇帝信任，剖明自身清白而无端休弃妻子是官迷心窍和夫权思想作祟的恶果;为官清廉非常好,到身无分文,死后无法下葬,也不能说是会安排生活;为表示朴素节约,毁坏已盖好的房子和已成熟的蔬菜,未必没有矫情做作的思想成分,等等。生活方式应当是文明的,工作方法应当是科学的,学习、工作、劳动、生活都要有合理的安排,才会取得好效果。对古人砥砺精神的学习,不能刻板、机械地模仿,需要根据具体情况,灵活掌握,科学安排。

三、在青少年时期培养砥砺精神

青少年时代是人生的成长阶段,是大量吸收知识的年华,同时社会经验少,可塑性强,这时最需要也最适合锻炼,是培养坚韧不拔精神的最佳年龄。

前述各种砥砺典型,像周处成年后折节改行的人很少,绝大多数自少年开始,有意识地培养砥砺精神,埋头读书,勤奋工作,继而终身坚持,活到老,磨炼到老。无数历史事实证明,人们的坚韧不拔精神是在青少年时代训练出来的。

人生的少年时代无忧无愁,正是武装自己的好时光。青少年朋友,在你们进行文化知识学习的时候,请不要忘记吃苦耐劳坚韧不拔精神的培养,愿这种精神成为你终身伴侣,使你受益无穷。

前面我们所说的是中国古人的砥砺精神,属于应当继承的中华精神文明。弘扬本民族的文化,是为今天的社会进步;而要前进，还需要学习、接受世界各国优秀文化，包括各国人民的砥砺精神，以促进我国文化发展和社会前进。弘扬本民族文化，绝不能固步自封，不能自我封闭，只有同时吸收世界先进文明，才能很好地比较中外文化的特点，弘扬民族文化的精华。愿我们在发扬我国古人砥砺精神的时候，不要忘记吸收外国人的砥砺精神，把内外两方面结合起来，使我们的民族新文化得以发展。

后 记

这个小册子所叙述的人物事迹，在古代是写在史书的名臣传、孝义传、列女传、酷吏传里的，是封建时代官方哲学所宣扬的或否定的人物，我今天对他们进行表彰，是否会传播封建主义的因素，把封建伦理三纲五常中的一些东西，误以为是优秀传统文化加以介绍了？我虽然力求避免，但是不敢保证完全做到了。我的态度是明确的，就是要正确地对待传统文化，给青少年读者以健康有益的知识。因此，诚挚地欢迎读者对本书的内容展开讨论，提出批评。

我以为这不仅是本书的事情，因为它关系到如何对待传统文化，如何提高我们对传统文化的鉴别能力和接受能力，关系着我们建设新文化，关系着我们社会的进步。古人讲："仁者见仁，智者见智。"弘扬中华文明，各个时代的人，对中华文明有各自理解的人，对弘扬的内容、要义会不尽相同。比如，五四时代全盘否定儒家思想，否定旧时代的文明；今天提倡新儒学的人，则对儒学做了若干的肯定。对古人的思想文化，后人难免要做出适合于自己愿望的解释，很难说就是符合古人原意的。对古代文明中的精华，有的人会把它视作糟粕，严厉批判，而对古代文明中的糟粕，会当作香花，大加赞扬。毕竟是古人的东西，与今人隔着不同的时代，今人不能正确把握，也是可以理解的，不足为怪。但是后人总要有一个正确的态度，就是要用追求真理的精神，力争科学地认识古代文明，弘扬其有益于社会进步的成分，有益于后人前进的因素，而不是随心所欲，为着一种目的，曲解传统文化，把其中落后的东西运用于新时代。见仁见智之说，不能作为错误的东西流传的口实。看来，大力开展对传统文化的科学的研究，是至关重要的事情，让我们就此多做努力！

冯尔康

2013 年 3 月 20 日